别让相爱
败给相处

采薇◎著

中国致公出版社
——China Zhigong Press——

图书在版编目（CIP）数据

别让相爱败给相处 / 采薇著 .-- 北京：中国致公

出版社，2019（2021.9 重印）

ISBN 978-7-5145-1252-6

Ⅰ . ①别… Ⅱ . ①采… Ⅲ . ①女性—人际关系—通俗

读物 Ⅳ . ① C912.11-49

中国版本图书馆 CIP 数据核字 (2019) 第 001566 号

别让相爱败给相处
采薇　著

责任编辑：尤　敏　王宏亮
责任印制：翟锡麟

出版发行：　　中国致公出版社
　　　　　　　China Zhigong Press

地　　址：北京市海淀区翠微路 2 号院科贸楼
邮　　编：100036
电　　话：010—85869872（发行部）
经　　销：全国新华书店
印　　刷：天津旭非印刷有限公司
开　　本：880 毫米 ×1230 毫米　1/32
印　　张：8
字　　数：138 千字
版　　次：2019 年 4 月第 1 版　　2021 年 9 月第 4 次印刷
定　　价：46.80 元

CONTENTS / 目 录

序：在一起之后的故事才是真正的难题

Chapter 1　不要踮着脚尖去爱一个人

Chapter 2　相爱是吸引，相处是改变

Chapter 3　别让生活的琐碎成为你们的"战场"

Chapter 6　对的人都是磨合出来的

Chapter 7　一辈子不长，余生只和舒服的人在一起

序

在一起之后的生活才是真正的难题

上班上到一半，同事的妻子打来了电话。

他妻子说："每天都是我一个人带孩子，现在孩子生病了，我真不知道该怎么办！"

她老公本来好声好气地安慰着她，听她越说越来劲，不禁也有些生气："累啥？有我上班累吗？"

他妻子不服气："自从有了小孩之后，我就没睡过一个完整的觉，白天在忙晚上也在忙。你再怎么样，下班了也有放松时间。"

同事也不服气："你知道我上班多累？一天十几个小时连轴转，应付那么多人。"

在电话里，两人就这样你一言我一语，吵得不可开交。

事实上，他俩谈恋爱的时候我们就认识了。他们是同学，彼此都是对方的初恋，谈恋爱的时候好得蜜里调油，一毕业就结婚了。至少在结婚之前，他们都认定自己是对方的唯一。

其实和大多数夫妻一样，他们在跨进婚姻殿堂之前，也曾经对未来满怀憧憬，无奈的是，结婚之后，生活之中的各种细节摩擦慢慢凸显出来，曾经浮在云端上的感情，落到尘埃泥土之中时，却发现竟是如此不堪一击。

无独有偶，留心观察我身边的人，发现离婚的夫妻已达大半。

更有甚者，据说北上广深离婚率早已突破百分之五十一。

我们很早的时候，都曾经认为，童话里王子和公主结婚以后，会永远幸福下去。

但在现实里，我们的故事美好的那一面，早早就被自己掐断了，柴米油盐酱醋茶的生活需要耐心与技术，我们不能用一句话就交代了我们后半生那些细节。

其实，在恋人的相处过程中，并没有什么具体的标准，那些每天都吵架争执的，不一定就不爱对方；那些好到人人称羡的，可能一转身就分开了。

所以，对于大多数恋人而言，真正的困境，不是如何相爱，而是相爱携手之后，以什么样的姿态走下去。

相爱对大多数人而言，都是甜蜜的，我们只需要享受即可。只有相处，才是我们应该付出精力去领悟的。

遗憾的是，这个世界上，的确有太多人把结婚看成了爱情的终点。此后的人生里，他们绝大多数时间都在彼此埋怨、敌对，甚至到了彼此憎恨的地步。

始于相爱，终成仇雠的人，我们见过了太多。

其实，相爱只是故事的开始，我们曾经都把对方当成生命之中最重要的人，觉得他应该理解、接受我们的一切。但是等走了一段后，我们发现对方不能完全满足要求时，就暴露了我们最狰狞的一面。

很多人，到真正失去另一个人的时候，才会后悔。

但反观我们自己在情感关系中又是怎样的呢？

情感关系上的伤害，不仅是身体上的，还是精神上的。

有时候，可怕的不是吵架本身，而是婚姻和亲密关系已经变成了对彼此的消耗。一个人生活不幸福，情感有缺陷，继而伤害了自己身边所有的人。当你被不幸福的气氛感染了、吞噬了，变得对自己不负责任，对另一半毫无期待时，你们之间的这段关系就彻底宣告死亡，比一开始不认识还要痛苦。

其实，日子都是自己过出来的，人生行至何处，有什么样的际遇，都要靠自己经营。

真正美好的爱和相处，一定会伴随着尊重，否则爱就是一个人要求另一个人的自私借口。

而尊重一个人的感情，体察和感知到别人的需求，是相处的基础。

我想，真正相爱的两个人，一定不希望走到要从精神上杀死对方的遗憾上去。当我们细致地去体会对方的情绪和感受时，真正能站在对方角度思考问题时，我们会发现，对方和我们一样是柔软的、鲜活的，一样有灵魂上的需求和爱的动因。

年轻的时候我们总是过分关注我们爱的那个人，而不注意提高自己爱这个人的技巧，其实，爱不应该是男与女之间狭隘的情感，爱应该是一种技术、一种能力。

忘了在哪里看到过，只有一腔热情而没有技巧的爱，注定会是个悲剧。

其实，在一段亲密关系之中，没有人能肯定我们自己的习惯和要求是绝对正确的，相互提炼、站在对方的角度思考问题，用尊重和欣赏的眼光，用倾听和理解的耐心，或许我们会看到别样的风景。

相爱不易，别让它败给相处。

人生不易，且行且珍惜。

Chapter 1

不要踮着脚尖去爱一个人

事实上，在一段感情中，真正的强者，应该
有一种"不害怕全心全意，但也不惧失去"
的姿态。因为真正独立的个体，会在爱中得
到完整和真正的自由。

独立，才会在爱中得到真正的自由

真正独立的个体，会在爱中得到完整和真正的自由。

某天晚上，我和几个闺密一同看电影。在电影的结尾，男主角流着眼泪问女主角："难道你不爱我吗？"

这句"难道你不爱我"的追问，令我心中升腾起一种久违的感动。这个时代再谈爱，似乎有些可笑。但是这句话配上他的表情，不仅有一种年少单纯时所特有的忧伤和纯粹，还有一个人袒露自己内心的柔情，极力去挽留另一个人的勇气。

哪怕只有片刻。

现在已经很少会有人问这句话了。

我们这个时代，很多东西因为得到得太轻易，而失去了它原本应有的神圣感和期待感。

似乎大家已经默认了，"爱"这件事是这个时代的奢侈品，它因为被各种戏谑、抖机灵、段子手的分解而令人看轻，退行成久远的想象符号，从而在真实世界里早已失去了它背后所对应的那份虔诚。

记得我的一个朋友在结婚前告诉我，成年以后，她发现爱情和婚姻需要分开看待，所以，她情愿选择一个和自己没有任何情感联系的人结婚，也不希望在付出自己的感情后，最后落得一个伤痕累累的下场。

她后来果然在相亲市场里选了一个看起来还不错的男人，两个人以闪电般的速度结了婚。

她说："你瞧瞧，切断了情感的牵绊，我就不会再对对方的表现有什么期待，我与他的生活也不会再频繁冲突，可以在各自的世界里自得其乐。"

我知道她年少时候的故事。那时候她与男友谈了很久的恋爱，最后因为一次信任危机而分手。后来她才知道，是自己先前误会了对方。可是，她并没有向男友道歉，更没有挽留的意思。

用她的话来说，这样爱一个人太累了，她不想再在日后的生活中患得患失，对一个人投入过度的耐心与时间，所以倒不如不挽留，就这样吧。

她因此消沉了一阵，之后便封闭了自己的内心世界，不谈风月，只看得失。面对没有太深感情的丈夫，她当然可以狠心，可以不在乎，可以不必投入过度的耐心和柔情，也避免了受伤的可能性。

当然，她看到别人甜蜜的场景时，也会有怅然若失的时刻，总觉得现在这样的生活似乎缺了点什么。但是这样的缺失感，远远敌不过她内心深处对情感安全的渴望。

为了不承受失去的痛苦，所以干脆就不要得到了。

或许，这就是现在很多人的想法。

在他们看来，感情已是一种理性层面上纯粹论斤买卖的东西，需要放在心灵的天平上，衡量出自己绝对的领属地位，每一次付出都有的放矢，方能在婚恋生活中占据制高点。

那些曾经为恋人的离去、旧情的流逝而选择的坚守，在现在的认知里，都变成了"傻"的代名词。

只是，她在杀伐决断时，似乎不曾想起，真正的情感，不仅是乏味生活的调味剂，更是人类存在的本质，是人精神上的刚需。

那些令我们感动、令我们害怕的部分，常常正是我们所匮乏的部分。

因为缺乏爱别人的勇气而打通的"成熟"通道，并不能迈向真正的成熟。它只是我们在面对遗憾时总结出来的一种自保方式。

事实上，爱的本质是一种把自己融入他人的冲动。

我们的一生，都会因此而有了一个柔软的部分，有了对这个世界的耐心和感动。

在真正的情感里，我们会因为打磨自己去附属于别人的生命而激动。因为这种对自我的改造，能够抵抗人自出生以来就有的那种永恒孤独。

是的，真正的爱是利他的。

那些世俗爱情观，大都是利己的。

书上告诉我们的那些方式，以及我们能接受的爱情，是能增加自我认知，而非丧失自我存在感的。

它教会了我们这个时代的人，如何在不丧失自我的前提下，与我们要相处一生的人形成互惠互利的契约关系，争夺两性权力斗争中的领导权。

拆开了看，这就是一桩披着婚姻外衣的情感生意。

我们奉为圭臬的信条，实际上早背离了爱的实质，它们只是不敢投入爱的粉饰。真正的情感，应该是博大而通透的——弄懂了它的人，应该无惧与另一个人的生命发生联系，反而会因为和他们形成了无法挣脱的羁绊，令我们益发迫切地要修炼自己的这颗凡心。

有人说过，"对的人，就是让你变得更好的人"。其实，很多感情开始时，当事人并不会提前知道这到底是缘还是劫，但他们有勇气去追逐，有勇气去修复自我，他们彼此就有了温暖、治愈、接纳对方的可能性。

两个人互相治愈、互相温暖、彼此感动，像鱼儿找到了海洋，像生病的人终于寻到了良药。

真正独立的个体，会在爱中得到完整和真正的自由。

这种爱情，必须被时光洗礼后才能拥有它该有的光芒。正如真正的平静，需要在风嘶海啸、山崩地裂之后，我们才能领悟。

是的，我们怕什么呢？在一段情感中，真正的强者是主动为这段关系全力以赴的人。因为他们相信自己的心灵接纳痛苦的能力，相信美好的东西会永远存在。

如果爱是一种信仰，那为爱全力以赴的勇气和本真，便是我们从此岸摆渡到彼岸的心舟。

我们跋涉于幽暗混沌的人世，当我们从心灵深处对同行的另一个人产生感情，学习代入，学习站在他人立场思考时，并非是失去了自我、即将落入伤情的樊篱，而是超脱自我，呼唤出一种与天地同情的修行。

每个从爱中挣身出来的人，都能在更光明处，获得一种比安全感更高级的心灵恩赐。

有的女人无论嫁给谁，
都能把日子经营得很幸福

婚姻里的双方有厚道的人性底色，他们才能让对方变得更好。

朋友的丈夫在华为上班，从他们的感情中我找到了一种久违的感动。

男主角独自一人在非洲打拼，想要为自己的家人挣得更好的生活。

争取这个机会很不容易。这个男主角想的是，只需要忍受一两年的异国生活，自己就能获得比国内多好几倍的工资，将来回国后，能让家人生活得更好。这几乎成为他当时唯一的信念。他坚持了一段时间，开始时尚有一些新鲜感，但是在异国他乡久了，强烈的精神剥蚀和生活上的各种不适应，令他的心态出现了很大的问题。

他向妻子倾诉。通过视频通话看到他的状态后，妻子马上决定辞掉工作，去非洲"解救"他。

那时候，在他们出生的农村，父母无法理解自己儿子为什么会存在"精神孤独"这样的痛苦。对他们而言，任何影响挣钱的心理状态，差不多都是"我想偷懒"的代名词。

可是妻子并不这样想。她很担心他。虽然大学毕业之后她就没再用过英语，对异国的生活也充满了惶恐、担忧，但对丈夫的关心战胜了所有的恐惧。她能体悟到他的痛苦，并对此报以深深的理解。因此，她简单地收拾了一下，便独自跋山涉水，辗转换了好几次飞机，终于摸到了丈夫所在公司的地址，并顺理成章地找到了他。

她来到非洲后，在工作上，她也帮不上丈夫什么忙，只能照顾他的饮食起居。

别人不解，问她，她回答说："虽然我能做的事情有限，但是我在这里，对他而言，就是一种很大的心理安慰。"

她的选择，让我想起了一句话：最高级的心疼，是心疼别人的不容易。

很多夫妻，恋爱的时候可以为对方的一颦一笑、微信朋友圈的一条信息遐思很久，但真正结婚一段时间后，就变得越来越没有耐心，越来越不耐烦理解对方，越来越不愿意站在对方的立场上思考问题。

记得有个名叫《婚外情史》的经典美剧，讲了一对出轨的男女。这两个同时背叛了婚姻的人沉浸在各自的视角里，描述彼此这段关系时，竟然都是对方在主动，自己不过是配合他（她）的节奏，不知道如何开口拒绝这份炽热的感情而已。

这样看来，即使本来就相互有点好感的人，在面对外界的谴责时，也会下意识地维护自己。由此可以想见，要一个人站在别人的立场思考问题、体谅别人的不容易，有多么困难。

那个能体悟丈夫在国外打拼不易，不顾一切地陪伴丈夫、愿意照顾丈夫心情的妻子，在和别人相处时，应该也是一个愿意适度自我牺牲，把他人的感受放在心上的人。

真正的善良就应该是这样的。在这种善良里，有一种为别人着想的成分。

事实上，我在生活中见到过的那种相处起来令别人感到如沐春风的人，大都是谦和厚道的。她们更愿意照顾别人，体谅别人的难处，不会只强调自己的感受。他们懂得在适当的时候削弱自己的存在感，放下无谓的坚持，把愉悦和舒适让给别人。

诚然，找到一份好的感情，有时候需要一点运气。但是有的女人，无论嫁给谁，都能把日子经营得很幸福。

仔细想想，其实这个世界上大部分人都是普通人，他们选择走进婚姻的初衷，是给自己的情感找到寄托和退路，为自己人生的后半场经营出一个遮蔽风雨的港湾。

这样，当人生风雨来袭时，会有一个人为你托底，会有一个人愿意给你慰藉，让你感觉自己并非孤立无援。

就像《论语》里的那句话：己欲立而立人，己欲达而达人。

真正靠谱的人，一定是会照顾别人感受的。

这种为别人着想的姿态，表面上是付出，实际上是令自己先安心。

只可惜，很多相爱的人一开始并不懂这个道理。

就像我年少的时候，看到金庸小说里的男主角，如张无忌，如段誉，我始终不明白，为什么他们在女人面前看起来那么"弱"，那么"憋屈"，始终做不到疾恶如仇、当断则断、非黑即白、慧剑斩情丝。

经历了更多的世事后，我才明白，这些故事之所以动人，正是因为男主角有着稳定厚道的人生底色。这种底色是人的本性里最渴望的东西，哪怕我们当时不知道。它不仅会引导我们去原谅爱人，还会指引我们用宽厚的心态去面对这个世界上的一切。

这个时代，我们看惯了独立自主的成功学理论，听惯了依赖他人可耻的良言规训，于是那些愿意适度牺牲自我个性，愿意在情感中全力以赴、不计后果地投入爱情的人已经越来越少了。

更多的人习惯于挑剔伴侣的不足，习惯于抱怨他们不能让自己更满意，习惯于沉浸在自我的世界里，让别人为自己的喜好让路。

更有甚者，在这个速食时代里，他们的亲密关系始于爱情，终于交易。

事实上，如果一个人真的想让爱人珍惜自己的付出，靠的是个人的魅力、交往中的愉悦和舒适度，以及你与对方是不是能真正的相互体谅。

如果一个女人真的做到了这些，她首先获得的，是自己内在的安宁和慈悲。有了内在的安宁和慈悲，才会有外在的柔和和宽容，也有了和别人愉悦相处的可能性；有了和别人愉悦相处的可能性，才会有经营好爱情和婚姻的前提。

曾经有人说，判断一个女人是否嫁对了，就看婚姻有没有让她变得更好。

我却觉得，婚姻里的双方有厚道的人性底色，他们才能让对方变得更好。

这种厚道，近乎英雄主义。

它是我们看清生活的真相之后，依然热爱生活的基础。

我们需要扮好自己的角色，但不是玩角色游戏

真正好的婚姻，双方都应该怀有一种深度的责任感。他们不仅要对彼此负责，更要对自己的情感质量负责。

朋友阿雨和她老公吵架了。她向我倾诉，说她老公和单位里的某个姑娘之间很暧昧，他和那个姑娘调笑，给予她超出朋友关系的关心和帮助，半夜还会和她聊微信，他们彼此之间偶尔会用暧昧的称呼，时不时还会发那些成人段子逗趣。

但这些证据，只能算是有"性暗示"的意味，还不曾上升到实际行动的层面。她说，她老公不是第一次这样了。在这个姑娘之前，他没事就喜欢撩拨一下小姑娘们，有愿意和他交朋友的固然好，没有就算了，反正他也不损失什么。

在她质问她老公时，她老公总是这样振振有词地自我辩护："我并没有行动出轨，知道顾家，会对你负责任，更会照顾家里的老人和孩子，你为什么还对我有那么多要求？"

令我朋友郁闷的是，当她尝试向别人倾诉自己的苦闷时，

非但没有得到自己想象中的安慰，很多亲近的朋友和家人反而一致认为是她"小题大做"了。

是了，这样的事情，似乎真的可大可小。当她认真地去追问时，似乎显得自己神经敏感，但是如果就此不管不顾，这桩桩件件的"小事"却又令人如鲠在喉。

的确，如果把丈夫仅仅看成是一种社会身份，她丈夫履行了他的社会职能。他并没不可原谅的错处。

但他伤害的，是情感本身。

拨开他社会身份的层面，他的内核中没有一个丈夫应该有的温情。

不仅没有温情，他还轻视这种给予温情的姿态。

事实上，他不知道的是，这种温情才是婚姻幸福的实质。

而那捆绑婚姻的证件，在很多时候，仅仅是一个证件而已。

婚姻关系中，如果两个人之间只剩下社会责任，没有内在的情感联结，这样的关系会令人感到空洞乏味，因为它无法滋养人的心灵，无法给人提供营养，反而会消耗彼此的情感。

要知道，两个人相处，如果想感到温暖，肯定离不开情感的流动和联通。

记得有一次，我问另一个已婚的朋友——她是我们朋友圈里公认的幸福典范——"你平时和你老公交流得多吗？"她回答："我不知道你说的这个交流是指什么，是谈话吗？如果仅仅是你我式的日常寒暄，那我们就交流得并不多。因为这种交谈，并不能算是真正意义上的交流。如果你问的是我们彼此交换观点，点亮认知，联动感情，在一种能理解对方的情绪中找到共振的话，那这种交流，我和我老公之间几乎每隔几天就有。"

她很幸运，找了一个愿意和自己共同进步、愿意聆听她思想细节的丈夫。这些情感流动的日常证据，比生活上的关照，更能令他们彼此领悟到对方的心意。

是的，在这个世界上，强行要求另一半情深是没有用的。表面的恩爱，就像是成年人之间的角色扮演游戏，他们把本来应该安置感情的关系变成了一种称呼，变成了一种日常的任务管理。

这样的关系其实是最坏的。它有"美好"的表象，但内里其实是冷冰冰的，没有半点温度。

它是一种深藏不露的冷暴力，会令人更加痛苦，因为那些被他们伤害的人，想抱怨都没有着力点。

在这种关系里，即使两个人在一起生活也无法温暖彼此，还会承受比一个人生活更大的失意和孤独。

没有温情，不理会对方感受的姿态，才是对婚姻、对情感真正的不负责任。

不知道阿雨的丈夫是否想过，既然要和阿雨过一辈子的人是自己，为什么要敷衍，把日子过成这种玩世不恭、毫无温情的态势？

当婚姻中的某一个人，已经不愿意去真正聆听另一个人的心声、关心另一个人的喜怒哀乐，也不愿意再对另一个人的情绪负责时，说明这段关系已经成了彼此的负担。那在此时决绝地放手，才是最深情的慈悲和对彼此负责的态度。

哪怕不在一起，也比这样消耗对方强。

没有人愿意离开令自己舒适的人，离开常常只是为了止损。

这个世界有太多情侣，认为只需要用物质来承担责任，而不需要在情感上付出耐心与时间。

是不是因为大家在这种畸形的、缺爱的环境中待得太久了，所以才会默认了夫妻之间只需要责任，在情感上彼此忽视是一种常态？

其实，真正好的婚姻，双方都应该怀有深度的责任感。他们不仅要对彼此负责，更要对自己的情感质量负责。

他们不光要为对方提供生活上的帮助，还要用认真负责的姿态，照顾对方的情绪和感受。

我想，任何一段美满的婚姻，本质上都是因为彼此超越了夫妻间名义上的捆绑，内心之间有了更深的情感联结和情感流动，才收获了幸福。只有这样的结合，才不会消耗我们对彼此的信任和期待；只有这样的婚姻，才会重置两个人比一个人更圆满的意义。

好的感情一定不会止于相爱，
但也绝不只是博弈

好的感情，一定不会仅止于感性地相爱，必会暗藏着权衡利弊后的智慧。

在朋友的婚礼上，我遇见一个打扮得体的大姐姐，她用一副众人皆醉我独醒的语气告诫围坐在自己身边的几个涉世未深的小姑娘，口中时不时冒出一些有关夫妻相处之道的名言警句。细听下来，觉得有些心惊。概括起来就是"冷"和"不动情"。"冷"在骨子里，不管老公如何巧舌如簧、花言巧语，也绝不任性、不怀春、不吃醋，严格秉承"把老公当老板"的原则；"不动情"是哪怕老公年轻有为、德才兼备且有情有义，也坚持让自己不动情，永远也不能对他有百分之百的信任，不然心灵就会陷入情感泥淖之中，导致万劫不复的后果。

简言之，这是一个生活在博弈论法则中的人，用她自己的话来说就是：如今女人与男人同样强大。她们在感情中，同样可以既不走心也不走肾；在婚姻和情感生活中，同样可以立于绝对的制高点。沦陷和用心付出对她们而言是一种耻辱，且十分危险。

她的神态与口中的语言，令我想起了严歌苓散文里的"赢家"、亦舒小说中那些"活得通透的女人"。

我曾经看见过一个女孩在求职被一个公司拒绝时，找那公司的老板去辩论的姿态。她熟知这个世界弱肉强食的基本法则，遂当面向这个公司的老板证明她的攻击力和才干。她的气焰极盛，语言都还文明，但腔势很像骂街。她说她一定要赢。结果她赢了。后来她与男朋友分手，换了一个又一个对象。和每个对象结束恋爱关系前，她都能按标准格式罗列出一堆对方不尽如人意的地方，权衡出她无法投入婚姻的利弊，然后继续追猎下一个"有可能适合结婚的人"。当然，最后的结果大家也能猜到，她想要投入婚姻的理想并未实现，她成了标准的"大龄剩女"。

某一天，她又觉得自己当初费心争取的那份工作不太好了。她在离职时说，在工作中、在家庭里，都要学会冷心冷眼。

到了离婚的法庭上，大方和厚颜有时候是一回事。厚颜也和"坚韧不拔""百折不挠"一样是我们从小学会的，与英雄气概有关的褒义词同义。绝不吃亏、绝不让步、绝不牺牲自己，据说是强者的要素。只有这样，才能尽可能地为自己争得更多的利益和保障。

围观的小姑娘们听得认真，并把她的这些话奉为金科玉律。其实不用她教，很多公众号、名言金句都已经将如何自保说得很通透了。我们能很明显地看出，什么样的情感是被我们今天的社会推崇的，而什么样的情感正被淘汰。

那些曾经崇高正面的词，在现实面前不堪一击，甚至我们已经羞于提及。在成人的世界里，似乎在亲密关系缔结前应该如何讨价还价早已深入人心了。实用主义在中国反而有着更大的市场，甚至尤其适合本质上就十分实际的中国人。也许恰是这个务实精神，使中国人缺乏理想、缺乏情调、缺乏创造性。

按此逻辑，这些"缺乏"会造成一种局面，大凡被推崇的东西，从一种名牌皮包，到一种行为作风，都会在中国人的社会里看见最强烈的响应。那些步入婚姻和情感的"成年人"尤甚，他们身上显露着这个社会所推崇的决绝与博弈论，渴望着被爱但是吝啬付出爱。

有人说：在婚姻和爱情的争夺战中，那些勤劳善良的女性一般要输给那类绝不吃亏的女性，被知识和道德束缚的女人总是败给"绿茶婊"。因此善良和投入简直就是不幸，就是女性的诅咒。

一个绝不属于弱势群体的优雅女性讲到自己的成功经历时说，她有一位朋友，在少年时代极其善良，形成了一种柔弱的美丽气质。现在一提到当年的善心善行，她那位朋友便会哈哈一笑，说："那时我怎么那么傻？"她把自己现在婚姻、事业的成功归结于她割弃了善良和软弱。她常说："我又不是傻瓜！"看着她如此长进，大刀阔斧赢得财富和荣耀，那份铮铮作响的自信，确实是赢家的姿态。

我怀疑她口中的那个朋友就是她自己，她在受到伤害后走向了另一个极端，不再信任这个世界，也吝啬再付出真正的感情。她深谙情感博弈论之后，的确没有以前那么麻烦，生活上绝不便宜别人，把柔情武装成赢的一种手段。她或许会流泪，告诉你她的伤痛，但那恰恰是在利用性别优势，以达到利己的目的。

她在家时扛水、修电器，遇到危机时也总是第一个上前，再也不会考虑向老公求助的可能性，仿佛已经将老公从自己的生命中剔除，老公在她心里彻底成为一个隐形人。但在拿生活费的时候她却一点也不会手软，她需要事事为自己打算。

她的经历令人唏嘘。我觉得，如果一个女人活到什么都需要靠自己完成，睁眼时发现身边没有一个可信之人，即便不能说是绝对的坏事，但也绝不值得推崇。

诚然，好的感情，一定不会止于感性地相爱，必会暗藏着权衡利弊后的智慧。可是，当我们在一件事上矫枉过正时，同样也是对自己的不负责任。我们缺乏改造自己的勇气、纠正错误的决心，索性就摆出游戏人间的姿态，拒绝再投入情感，拒绝任何亲密关系，也放弃了观照自身和自我成长。

唯有两个强大的人，才能守护住他们的爱情

爱上只需要一眼，然而成为彼此的一部分却还有很多步要走。

过了三十大关后，朋友一直被父母催婚。严防死守了好些年，她终于也有点顶不住父母的十八般花样攻势。于是，她在终于下定决心要选择一个人共度余生前，问了我所有恋人可能都会面临的一个问题：如果要结婚，你到底是选择爱你的人，还是你爱的人？

她说，她毕业参加工作后，遇到了两个人，姑且叫他们A先生和B先生吧。A先生很温柔，他承诺可以永远等在她身后，随时等着她召唤，不逼她接受他的爱。朋友自己坦言，在A先生身边她会感觉很温暖、很放松，而且，他追了自己这么多年，自己也不是没有感动的，却总觉得自己与他之间少了那么一点感觉。

另一个追她的是B先生。她和B先生在一起时，是喜忧参半的，甚至她常常会觉得B先生令她有压力。因为B先生是她们行

业的技术大牛，在技术细节和个人能力上会对她严格要求，敦促她成长，希望她早日独当一面。

在她遇到问题时，B先生永远让她自己先想办法，然后才在细节上点拨她。

她的闺密有时候也会有点疑惑，为什么B先生要给她这么大的压力，而不直接帮她呢？她自己也不止一次问过B先生这个问题。而B先生的回答永远是——她足够聪明，只要她想，她就一定能做到。他懂她的倔强、她的骄傲、她的才华。他让她一定要相信一个铁律——那些杀不死你的，才能让你更强大。面对问题，B先生用的是激将法：难道你除了逃避，就没有更高级的方法来解决吗？当她向B先生倾诉自己在工作中如何被利用、被陷害时，B先生毫不留情地告诉她：这就是天真的结果。成年人的世界里，不欢迎廉价的善良和天真。

但是等她擦干眼泪，B先生会帮她分析问题，会和她一起解决问题。他像她的后盾，有他在，专业上的问题似乎永远都有支撑点。

反观A先生，他是怎么做的呢？

每次她遇到问题，A先生给予的陪伴就是"吃顿大餐"。似乎在A先生眼里，她永远都不需要独立，所以A先生对她的感情更多是心疼、怜惜，还有不甘心。

其实，因为明白她的处境，所以，我知道她问出的那个问题背后，隐藏着什么样的信息。

每个女人在进入婚姻之前，都渴望拥有安全感。

只不过，这样的安全感，也有高级和低级之分。

正如作家廖一梅所说的那样：一个女人在一生中，遇到爱，遇到性，都不稀罕，稀罕的是遇到懂得。

Ａ先生和Ｂ先生最大的差别，就在于他们对一个女人所需要的"安全感"的理解。

一厢情愿的Ａ先生，已经被禁锢在自己的视野和认知之中，他无法理解，一个女人为什么拒绝男人这样全方位、无死角的保护？有人为她遮风挡雨，难道不是她在婚姻里最大的保障吗？

Ａ先生并没有意识到，每个人都有独立意识，他爱的方式，对于一个有独立意识的女性，已经不再舒适了。

因为她是一个独立的个体，她需要的不是几顿大餐、一份礼物，也不是一个避风港、一个无微不至照顾她生活的人，而是尊重和信任。

而Ｂ先生却能读出她内心真正的渴望，引导着她一步步成长为自己想要成为的那个人。

他懂她，知道她不甘心只做男人背后一个类似于宠物的角色，她希望对方把自己当成可以平等对待的竞争对手。她要的是自己履行责任的那种充实感和成就感，就像她自己所期待的那样。

所以，为什么B先生总对她有一种无形的吸引力？因为他令她知道了一件事——"我能做到什么，我可以成就多好的自己"。

B先生会逼她去面对这个世界，也会鼓励她。他提供的爱，就像涓涓溪流一样，让那个曾经在人生路上遇到任何一点阻力就赌气、生气、逃跑的她，一点一点地变了，变得更坚强、更强大。

然后，她在与B先生相处的过程中，开始一点点累积自己的底气，够到专业上更高的领域，触摸到更辉煌的业绩，成就了更好的自己。

她当时觉得很累，但回过头来想想，其实这才是潜移默化地为她提供真正的安全感。

其实，通过我朋友的经历，我们也可以反观自己，我们觉得自己真的很爱一个人，但实际是不是总是轻易就选择放手？一件事我们明明可以做到，但是男人帮我们做了，久而久之，是不是就折断了我们那双本可以靠自己飞翔的翅膀，成为被圈养的宠物？一个女人在人生的上半场时，可以靠家世、靠颜值、靠运气轻易获得各种保障。但是很抱歉，再好的东西，你想拥有得更久一点，就必须变得更强大。B先生用更辽远的视角，让我的朋友自己想明白：一个人该如何去爱另一个人，又该如何让对方能坚定地和自己并肩而立。

舒婷曾经写过：最好的爱情，不是学攀援的凌霄花，而是共同向下扎根，共同面对风雨、向上生长。

一个女人，她的内核越天真，她的外在常常越需要强悍。

她必须明白，只有强悍，才能护住这种天真的内核，挡住外界的诱惑和陷阱。

而同样的，一个女人越渴望爱情永恒，她就越需要自我成长。

如果世间相爱的人都能领悟到这一层，或许就不会再有那么多的眼泪和痛苦。

爱上只需要一眼，然而成为彼此的一部分却还有很多步要走。

有人愿意来保护我们的天真善良固然很好，但固守一时、一地的承诺，一直天真善良下去，只能让你失去一切。

时光会改变很多东西，唯有两个更强大的人，才能守护住他们的爱情。

遇到 "对的人" 只是亲密关系中最简单的一步

真正持久的爱，必定是势均力敌的。感情的双方，常常有来有往，各擅胜场。

　　闺密是家中的独女，深受父母宠爱。

　　在谈恋爱以前的人生里，她基本上没出过太大的意外。

　　和所有幸福故事的开头一样，她平稳地考上了大学，并在读研究生期间认识了她现在的男朋友。

　　大约上天总是要给相爱的人一点考验，谈恋爱前男朋友明明是被她深深吸引的，在一起后，却对她越来越不满意。

　　一开始，男朋友嫌她性格太大大咧咧，只顾自己舒适而不注意生活细节；接着便批评她生活态度不积极，沉浸在当下的舒适区域里，一点也没有提升自己价值的意识。

　　这样的争执几乎成了他们的日常话题。虽然这种批评让她觉得难过，但是每次只要男朋友在微信上说一句软话，她便马上原谅了他之前的恶言恶语。

　　在朋友们看来，她几乎算是一个有着 "恋爱依赖症" 的人，甚至闺密有一次气得骂她这恋爱谈得"简直毫无自尊可言"。

在大家以为她已经适应这种相处模式时，没想到某一次，男朋友又劈头盖脸地训斥了她一顿后，她像是瞬间想通了，突然一声不吭地删除了他所有的联系方式，再也没和男朋友有什么联系。

闺密不相信她突然这么有骨气了，忍不住向她求证。她说，不知道为什么，以前总想着迎合他，努力达到他的要求，现在却忽然一下子就失去了原来那种动力了。

她的经历，令我想起了一句话——没有突如其来的分手，只有不想忍耐的决心。

有时候，我们一厢情愿地对一个人好，按对方的要求，努力去改变自己身上的那些缺点，努力想做得更完美些。

可是我们会发现，不论我们怎么改，对方总能找到批评我们的地方。这些批评和否定，会令我们越来越不自信，生活越来越暗淡无光，越来越怀疑自己的能力，慢慢陷入一种自我否定的恶性循环。

在这样的情绪包围里，我们会越来越虚弱，越来越不敢离开一个人，因为对方制造出来的那种高高在上的姿态会蒙蔽我们的双眼，让我们认为，对方给我们的这份爱是一种无上的恩赐。

这样的情感关系，从一开始就是不对等的。

每个谈恋爱的人，其实都渴望安全感。因此，很多人认为，在恋爱这种亲密关系里，只要证明了我比对方强，我就会立于不败之地，获得一种心理上的天然优势。

在这段关系里，总在挑剔别人的那个人的潜台词是：我的思维方式和生活模式，比你的更高级。

他通过否定恋人得到了安全感，却让别人丧失了安全感。

就像我曾经听到过的，一个男人在向自己的亲人诉苦，求助如何赢回自己妻子的心时说：她太柔弱了，特别依赖我。虽然我经常批评她，可能骂得有些过分，但我说这些，都是为了她好。事后她也承认我说得对，我比她有主见。但她为什么还要离开我？

这是他在这段亲密关系里仅有的反思，这足以证明在挑剔批评伴侣这一点上，他从未反思过。试想，爱你的人即使嘴上承认你说得对，难道她的心就不会受伤了吗？

真正持久的爱，必定是势均力敌的。感情的双方，常常有来有往，各擅胜场。

这是一种平衡。

那些把伴侣当作孩子一样训斥，动辄便把他们教训一番的人，即使他们的出发点是好的，可是当伴侣的自尊被伤害了太多次后，依然会逐渐地远离他们。

爱一个人，本身就需要一种巨大的能量。一个不停地被别人否定的人，是无法给爱人提供能量的。他们所能做的，就是依赖对方，深深地黏住对方，像抓住最后的救命稻草一样抓住自己身边的人。

不知道这些人有没有想过，在这样的循环里，哪怕恋人勉强接受了你比她强，你有权对她指手画脚，但这种暂时的退让和服从，还是无法令人获得情感满足和真正由爱带来的充实感，反而提升了你对另一半的不满。

事实上，有很多擅长挑剔别人的人，本身并不会比别人优秀。他们之所以对他人指手画脚，很多只是由于局限在自己的小圈子里，其实自己没有半点技能。即便如此，他们照样眼高于顶，愤世嫉俗，怨天怨地。

他们之所以会这样，很大程度上是因为他们本身个性并不宽容、眼界太狭隘。他们有极强的控制欲，活得不轻松、不快乐，所以才在别人身上找原因，靠折磨别人来解脱自己。

真正优秀、有修养的人不会随便否定别人，相反，他们会抱着最大的善意来发现别人身上的优点。正因为如此，他们才能博采众家之长，不断地超越自己。也正因为这样，他们才会越来越有能力心疼和包容别人，才能赢得更多的资源。

　　戈特曼曾经总结说："打败爱情的，是细节。"对于那些最初相爱的恋人来说，最后导致他们分手的，往往不是遭遇了什么大困难，也不是因为什么大是大非，而是源于那些痛苦的日常事件。

　　日复一日，热情消耗，细节就会累积成大问题。

　　一个人失望多了，心也就凉了。

　　爱是积累来的，不爱也是。

　　那些先离开的人，并不是戒掉了"爱情依赖症"，只不过是触底反弹后下定决心忍痛割爱。

如果你爱的人放弃了你，请放开你自己

只有我们自己具备足够的判断能力时，我们才有可能把握情感。

宁宁姐朋友的老公，在她朋友与另一个女人之间游走纠缠，但这个朋友始终做不到来一个了断。

宁宁姐问朋友是不是还对这段关系抱有什么幻想和期待，朋友坦言，自己活得太强硬，不会温言软语，这种丁是丁、卯是卯的姿态很吃亏。她深知自己这种太过强势的人只适合合作而不适合相爱，但自己偏偏又做不到决断，即使当下生气、狠心，也不过是片刻，待他回头央求一番，自己便再次心软了。

朋友痛苦纠结的样子令宁宁姐感慨。宁宁姐在提起此事时，有些无奈地感叹了一句："说真的，我体会不到这种感觉。如果一个男人不爱我了，我不到一秒钟便也不再爱他了。"

她的话，令我想起一句不算称赞的称赞：你的忘性可真大，能像没有受过伤的人那样生活。

当然，宁宁姐并不知道，她与朋友的不同之处，在于她的自我意识中，并没有别人的多少位置。

她日常需要学插花、养多肉、做烘焙、画画、读书、写文章，这种种爱好占据了她很多时光，用她的话来说——做这些事情才是她的主业。

女人首先是自己，其次才是妻子和母亲。

简而言之，她不是一个真正意义上"合格"的妻子和妈妈，因为当别人的妻子和妈妈，只是她生活的一部分而不是全部。她内心深知，社会标准里真正的"合格"，从某种程度上而言，是需要活在别人的评价体系中，以牺牲自我为代价的。

所以，她当然不会像朋友那样，因为不能确定一个男人是否把自己列为唯一对象而感到痛苦万分。

在她的精神领域里，有着比这件事更能让她快乐的自留地。

她不需要像很多家庭出了问题的人一样去潜心学习取悦男性、争回自己老公的权谋，这样的姿态并不符合她的个性。

强打精神、压抑自我去做出迎合别人的牺牲，对于那种自我意识已经觉醒的现代女性而言，是比独自生活的焦虑感更可怕的精神折磨。

她说，"不能忘记自己是谁"，这是神的旨意。

宁宁姐的那个女性朋友最大的痛苦，其实不仅仅在于她老公在这件事上的游离。她的愤慨，还在于这种游离打破了他们夫妻之间已经磨合好的平静，扰乱了他们正常的生活，影响了她对未来的构想、对安全感的定义。

按很多人教她的道理，如果要挽回丈夫的心，她就必须拿出捍卫者的姿态，使出比对方更温柔、更得体、更低眉顺眼的手段，才有可能将离间自己和丈夫的人赶走。

当然，其中还需要有她丈夫的助力。如果丈夫不能将感情的天平倾向她，那么她这些拧巴着自己性子的讨好，便统统会成为沉没成本，只会在她的愤怒、不甘和被人背叛的屈辱上再添上一笔。

有很多和她一样的女人，当她们放低姿态，去和另一个女人竞争一个背叛自己的男人时，会禁不住从心底生出一种"人间不值得"的感慨。

很多时候，她们并非因为纠缠在事件中痛苦，而是因为纠缠在自我患得患失的情绪中痛苦；她们想要快刀斩乱麻地结束一段关系，却因为成年人的世界有太多规则而畏惧不前；她们想要做出"世故得体"的姿态，却又因为背离了自己的独立准则而越发难受。

我们原本都可以像宁宁姐一样，拥有自己完整的生活和爱好，因为当初对方爱上我们的时候，我们就是这样的。而如今，却因为对方要弃我们而去时寻出的种种理由、借口而强迫自己做出改变，这是一种对自己内心情感的霸凌。

其实，我们中有太多人，皆因被"大团圆"的意愿绑架了太久，所以在生活出现变故时，宁可不顾自己的真实感受，也要维持"和美"的表象。

事实上，在一段感情中，真正的强者应该有一种"不害怕全心全意，但也不惧失去"的姿态。

相比很多在感情中委曲求全的人来说，一个能坚守这种初心和底线的人，会活得比左右摇摆的人轻松。

很多感情的失败，都因为我们左右摇摆，不敢确信自己相信的，不敢放弃自己该放弃的。当我们不能坚守自己的原则，反复折磨自己和对方时，对方会彻底看轻我们，我们也因此失掉了以退为进的可能性。

很多感情的死亡，是因为在面临考验时，我们处事"得体""顾全大局"而罔顾自己的本心，在这一过程中把彼此折磨得伤痕累累。

事实上，在这个世界上，每个人面临的情感问题不同，需要做出的选择也不一样。

只有我们自己具备足够的自我判断能力时，我们才有可能把握情感。

当然，每个人在情感中都要学习、成长、改变，这是情感的本质，而不是因为另一个人对我们的背叛才需要的。

那是因为我们自己需要修炼出那种置之死地而后生的勇气——"我知道最坏的结果无非就是彼此分开，但我并不害怕独自成长。"

在这个婚姻不再被神圣化的时代，男女都应该有坦然面对风险的勇气。"一秒钟就不爱对方"是一种夸张的说法，但是真正的安全感，确实只能靠自己获取。

只有有自我的人，才不会只为别人而活。

那种在自己的世界中自得其乐，而不是把所有的宝都押在另一个人身上的人，才能慢慢培养出自己明辨是非的能力，生出拒绝把感情寄托在他人身上的勇气，也有了说走就走的狠劲。

这个道理，男女皆适用。

世间的爱情，相敬如宾确实是最优雅得体的结局，但你若无情我便休，亦是留给彼此的最后体面，也是我们每个人在情感中应该有的姿态。

真正的"高级精彩"，是一种简单的专注

这种简单的专注不会过分消耗人的情绪，反而更能令人把握幸福的实质。

"我觉得我最大的幸运，就是在年少的时候遇见了你，爱上了你，余生都是你。

"我不知道别人的故事是怎么样的，但是对我来说，如果没有遇见你，我过的，就是另外一种不可预知的人生了。"

朋友的婚礼现场，当司仪问新郎有什么话想告诉新娘时，新郎想了想，认真地说出了这段话。

另一个认识他们的朋友，在观众席上半是羡慕半是感动地说："真羡慕他们，为什么有的人的人生那么一帆风顺啊！看看这两个人，在学校同是学霸，在公司都属'精英阶层'，真是一对璧人。"

这是一个美好得像童话一样的故事。

她这种甜蜜的吐槽，令我想起了自己曾经看到过的一句话——一个学霸，很大程度上可能也会是一个优秀的男朋友、

一个顾家的好丈夫。

因为，他们比普通人更早地看明白了这个世界，更早地领悟到什么才是人生真正的重点。

能以专注的姿态对待当下应该把控的人生重点的人，在管理自己的欲望方面，有着比普通人更强的意志力。

因为，在荆棘丛生的人生旅程里洁身自好，在眼花缭乱的复杂世界里守住本心，需要很强的精神定力。

这种精神定力的前提，是明白什么才是自己真正想要的。

很多时候，我们以为是我们的选择出了问题，事实上，是我们的认知出了问题。

那些能短暂令我们感到愉悦的东西，比如放纵自己、不愿意承担责任、不对结果负责，更多呈现的是人的欲望、贪婪和软弱。这样的快乐，注定只能短暂地停留在表面层。

简而言之，那些看起来"容易"获得幸福的人，表面上看起来常常过得"不够精彩"，但是他们能体会到的幸福，不但持久，还有淡雅的回甘。

因为，常人所谓的"低级精彩"，不过是裹着糖霜的欲望罢了。

如果一个人有足够的分辨能力，便能清醒地认识到，真正的"高级精彩"是一种简单的专注。

这种简单的专注不会过分消耗人的情绪，反而更能令人把握幸福的实质。

那些能更早清醒的人，正是有意识地敲碎了人生表面的那层糖霜，理解了幸福本质的那群人。

这种包含着简与素的人生信条，其实暗藏着大巧若拙、大智若愚的智慧。

我知道两对情侣，其中有一对结婚的时候甜蜜恩爱，也是令人羡慕的一对璧人；另一对结婚的时候，几乎不被任何人看好。然而，这两对夫妻的结局却令人意外地完全不同，当初爱得死去活来的那对夫妻，没过几年就离婚了；不被看好的那对夫妻，婚后的生活日臻佳境，越过越幸福。

事实上，他们的结局，在结婚之前似乎就已经有所昭示。第一对夫妻虽然是自由恋爱，但是他们双方都没有定力，在一起只是因为新鲜感和激情。所以，他们在结婚时并不知道什么才是自己最想要的。结婚后，他们被很多诱惑干扰，终于在折腾了几年之后，把彼此消耗得筋疲力尽，工作、家庭、生活都出现了各种问题。

而另一对夫妻，他们早就清醒地知道自己在婚姻中到底要得到什么，婚姻中到底什么才是最重要的。所以，他们从结婚伊始，就抵挡住了婚姻以外的各种诱惑，从不轻易放纵自己的欲望，也因此少了许多不必要的麻烦。目标越专一，他们就越容易满足；越容易满足，日子便真的一天一天往好里去了。

这两对夫妻，一对是我的爷爷奶奶；而另一对，则是我的父母。

观照他们的人生经历，我觉得，有句话说得很对——越早清醒的人，越容易把握幸福的脉搏。

很多人在年少的时候无法分辨什么是自己真正想要的，所以他们才在试错的路上浪费了太多时间。当然，他们中有的人很幸运，这种试错并没有影响他们的人生方向；有的人很不幸，这种试错可能会让他们一生都不再有触碰美好的机会。

这世界有太多人清醒得太晚，等他们到了真正想要珍惜的时候，却发现生命中的很多东西已经不可能再得到了。

相比于那些向欲望妥协、自我放纵的人，那种明确知道自己要什么的人的精神定力更高，更能分辨混沌世界中哪些是自己应该珍视的，哪些只是我们为自我掩饰和放纵欲望所找的借口。

他们的人生里，没有太多自我消耗式的折腾，因而也不会有令自己无法纠正的遗憾和错误。

就像很多人在暮年回顾自己的一生时，会感叹原来其他的东西只是过眼云烟，只有健康才最重要一样，平凡如你我的芸芸众生，或许在某一天也会幡然醒悟，自己曾经的追寻不过是当局者迷罢了。

倘若我们能早点明白，这世界真正令人幸福的其实不过是生活简单、目标专一，或许，我们才能返璞归真，并在这种正循环中，找到久违的幸福感。

Chapter 7

相爱是吸引，相处是改变

爱情没有统一的标准，一个人也可以精彩，
但两个人在一起从此就不会孤单。至少在你
用心歌唱的时候，还有一个人愿意为你鼓掌。
或许那种情感，可以称为相濡以沫。但
至少在大多数人看来，那才真是人生的大圆
满。

坦诚地面对痛苦，比虚伪地
维护表面光鲜要好得多

不要让那些思维的网捆住自己纠错的决心。越是有强大生命力的人，越是敢于承认自己的失误。

朋友和人一起创业，中途才发现对方并非好的合作伙伴。为了尽快止损，不在无谓的人事中消耗情绪，她毅然决定，在一定的时间内如果双方改变不了，她就放弃和对方纠缠，及时抽身去寻找新门路。那时他们一起合作的那家公司已经走上了正轨，她在这个阶段离开，损失超过千万。

身边的人对她这么软弱感到十分不解。在他们看来，这件事无异于别人侵占了她的财产，掠夺了她的劳动成果，还让她吃了一个哑巴亏，若是不狠狠报复回来，岂能善罢甘休？

她回答说，成年人的世界里，一个人很难改变另一个人的想法和行为习惯。既然大家都已经知道有些选择是错的，不如及时纠正，这样也好早点把时间和精力投入到真正能实现自我价值的地方。

很多人都告诉我们要正确判断，事实上只要我们还有谋生需求，就或多或少会遇到风险。所以，选择虽然关键，但是比选择更重要的，是我们应该有及时纠错的能力。

她的这种说法，让我想起了我一个女朋友的婚姻。她刚结婚不久，就发现老公并非自己理想中的良人。虽然离婚会损害她的个人形象、影响她的事业，但她还是毅然决然地终止了婚姻。

她告诉那些关心她的人，坦诚地面对痛苦，比虚伪地维护表面的光鲜要好得多。

在她看来，离婚只是选择错误，并非人生的失败。

男人的花心或许是天性，但是只要他们受到了惩罚，也不必如怨妇一般，逢人诉苦、一蹶不振，脱离自己正常的生活轨道。

她说，如果你不幸在婚后才发现自己的另一半就是不愿意回家，就是一辈子也长不大，永远觉得外面的世界很精彩的话，不如早点放手，大家各安天命，这反而是对彼此的慈悲。

就如同我们找工作一样：当双方的需求匹配时，大家就好好地在一起；当双方的需求不匹配时，好聚好散、及时止损才是更好的办法。

离婚几年后朋友遇到了现在的先生，他们认识了三个月闪婚，生下一个女儿，快快乐乐生活到现在。

她从第一次婚姻中明白的道理是——人是独立的个体，一个有独立意识的女人，绝对不能为维持婚姻的躯壳而活着：真正有自尊的女人，不会害怕肩上担子太重，她们吃得了苦，就是不能被捆缚、被消耗、被欺瞒、被压榨。

我身边有很多人都很佩服她在生活面前的清醒姿态。

我们并非赞美她敢于离婚，我们只是羡慕在发现自己选择失误之后，敢于主动纠错的人。

这种纠错并不是软弱，而是烈性。

这样的烈性里，有对自己的自信，更有对这个世界的通透。

越是有强大生命力的人，越是敢于承认自己的失误。

因为他们不需要为自己那点自尊，咽下那些虚伪的、消耗自我的部分，在无端的情绪上浪费生命。

这个世界上，之所以有很多女人过着过着就成了怨妇，是因为她们羞于面对自己，羞于承认自己是个普通人，有着普通人的软弱和虚弱，将幸福与不幸全都维系在面子上，所以才给了别人无休止地伤害她们的机会。

我那个朋友，做了很多人都不敢做的事情，她用实际行动纠正了自己选择的失误，及时把自己的人生扳回了正确的轨道。

她做了很多女人想做而不敢做的事情。你辜负她，她就会毫不犹豫地离开你；你爱她，她才会安心地成为你的好伴侣。

我们不怕试错，只怕不能清醒地判断什么才是对自己最重要的，更怕我们一直被错误捆绑，在悔恨和纠结中消耗自我，却始终不能付诸行动。

其实，细想一下，人生的很多事情，我们都是第一次经历，每一次做出选择，可能都存在难以预料的风险。我们在年少时跌跌撞撞，即便偶尔走错了道，选错了人，也没关系。只要我们具有超强的纠错能力，能及时止损，它就不会伤及我们的根本。我们也一定能拥有超强彪悍的人生。

事实上，我那个朋友也是如此。她离婚后，很多同事追求她。她并不愁爱情，她只是在等待她需要的那一种。

她明白自己的方向，有不惧推翻过去重来的魄力。

不要害怕改正，越过去，没有什么大不了的。

这个世界，没有什么是新鲜的，我们走着别人走过的路，重复着旧日的悲喜。有很多人试错之后及时纠正，我们要相信，自己也能做到；有很多人曾经从绝境中找到出路，我们要相信，自己也能做到；有很多人能够笑对生活的失误，重新摆正自己的人生位置，我们要相信，自己也能做到。

不要让那些思维的网捆住自己纠错的决心。

如何生活，选择权其实在自己手里。与其天天抱怨，活得不痛快，何不快刀斩乱麻，斩断这段令大家都不舒服的生活。

所有的沉沦都是自我放逐

在夜深人静扪心自问时，只有那些活得踏实的人才不会心虚。只有那些活得踏实的人，才有更强大的抵御风雨的基底。

H是我初中就认识的一个朋友。他成绩优秀，中考之后顺理成章地进入了我们那儿最好的高中。可是到了高中，他整个人都变了。

还记得高二的时候，我从朋友那儿听到H上了高中之后慢慢地开始逃课，通宵上网，最后被学校开除。除了用震惊来形容我当时的心情，我找不到其他合适的词。

后来在高中的最后一个寒假，我在网吧门口看见了他。他长高了，头发也长了。我叫住了他，他把手中的烟往身后藏，转过身来，我看不清他脸上的表情是微笑还是厌烦。

"没上课吗？"他问道。

"放假了，寒假。"我回答道。

一阵沉默，在我与他之间划开了深深的沟壑。

"你不去上课了吗？"我率先打破沉默。

他答："不想上了，人家都比我厉害，书就是该他们读的，我没必要读下去。"

和他在网吧门口分手时，我明白了，他其实明白打游戏上网并不应该成为他生活的主业，但是他还是克制不住堕落的欲望，一次次陷入游戏的诱惑当中去。

H当时的表情我记了很久，后来每次看到网上有人大张旗鼓地反对游戏时，我都会想起H，他令我明白了一个道理：游戏本是一个娱乐形式，它的设计或许利用了人性的一些弱点，但是一个人沉迷其中无法自拔，一定跟自己的自制力有关。

网络上曾经有一句很流行的话：我吸烟、我文身、我喝酒、我泡夜店、我说脏话，但是我知道我是好姑娘。

这句话背后，是一种撒娇式的自黑。

这里面有一种聪明人惯用的手段，它希望传递给听众两重情绪：第一重是，我已经承认了我的错误，你就不要再为这些现象指责我了；第二重是，我内心还是向往美好的，只要我愿意，我就能回归到正常的生活。

就像我在网上看过的，某个丈夫在抱怨自己的妻子时说：哪怕我非常迫切地希望妻子能和我一起去锻炼，而妻子也知道锻炼对自己的身体很有好处，但她就是下不了决心去改变，总是一边暴饮暴食，一边反复纠结自己现在身体变胖、皮肤变差的现状。

事实上，人不能降低自己罪恶感的阈值。

正如罗马不是一天建成的，没有人是因为某一次小错误的影响而发展到不可收拾的地步的。

我们都是这样，在一次次下坠的过程中，不停降低自己的心理下限，不停放松对自己的要求，让自己在罪恶感中沉寂太久，慢慢地越来越麻木，找不到回归本真的方向。

精神层面上的认识，并不能减少我们的恶劣行为对我们的人生带来的实质性伤害。

那些忍不住家暴、忍不住放纵的男人，之所以会如此，正是因为他们内心虚弱，在欲望管控和自我行为控制上，与理想愿景差距太大，所以才对自己、对身边的人，采取了一种发泄式的恶性循环行为。

清醒着还要堕落，是自己的一种狡辩。唯一可惜的是，结果可能不会陪你演这场内心戏。

因为，没有人能脱离实质，只靠精神活着。

精神层面的愿景再好，生活中我们还是得和琐碎的、无聊的日常事务对抗，并在这个过程中，不停地打破自己的舒适区域，一点一点地变得更好。

正因为大部分人做不到身心合一的自我约束和自我修行，所以，那种令人全然感到舒适的恋人才那么少。

甚至，在某种意义上，找到这样的恋人比中六合彩还要幸运。

在这个世界上，更多的人在美好的时光选择了堕落。待到岁月悄悄流逝，自甘堕落的人也被遗留在了沼泽中。有些人清醒得早，他们从沼泽中挣扎出来；另外一些人什么都不做，任由沼泽淹没肩头，还漫不经心地说着不相干的话。

这世上，其实没有真正甘于堕落的人。我们生性都期待往更高更好的方向挣扎。仕途失意的李白整天借酒浇愁，可是最后仍能喊出"仰天大笑出门去，我辈岂是蓬蒿人"这样的豪言壮语。

记得我在自己很喜欢的一位姐姐的朋友圈里看到过一段话：当我们还有眼泪、还有挣扎的时候，就证明我们还对生活有所期待。既然有所期待，那就证明我们还有向上的需求。

是的，谁都不愿意堕落，所以我们才能感知自己和那些奋斗的、向上的人们的区别。既然如此，不如早些清醒，安抚好自己的欲望，将生长的根须扎进脚下更坚实的大地中去。

在夜深人静扪心自问时，只有那些活得踏实的人，才不会心虚；只有那些活得踏实的人，才有更强大的抵御风雨的基底。

　　生活的基础很重要，它可以是婚姻，是家庭，是我们的技能。有了生活的基础，我们才会有化茧成蝶、迎接光明的可能性。

恋爱这件小事，有时候真的不能太直白

只有双方相互体谅，相互理解，爱情之花才能开得更长久。

朋友喜欢上公司的一位男神。可这位男神是出了名的难搞，不仅人长得帅，而且能力也出众，年纪轻轻就出任总监，在公司更是收割了一大票迷妹，每天光收到的鲜花和甜品都不计其数。可那些姑娘们全都铩羽而归。为此，我们纷纷劝她迷途知返。

可没隔多久，朋友就说男神要约她看电影。我们纷纷称奇，不知朋友究竟给男神灌了什么迷魂汤，令这位高冷男神垂青于她。

等成功拿下男神，朋友才给我们解密。

她说，虽说女追男隔层纱，可女生太主动了，反而会吓到男生。想要在爱情里掌控主动权，聪明的女孩往往会假装被动。只要你用对了心思，对你有意思的男生就会反过来主动追你。

这主意不错，既保持了女孩的矜持，又能让对方懂你的小心思。就拿朋友来说，虽然很多人都知道男神爱吃甜品，但对于一个高冷又傲娇的男神来说，吃甜品这类爱好，实在有失自尊和脸面。于是，对于那些明目张胆献殷勤、送温暖的迷妹，他当然避之不及。

反观朋友，为了不动声色地引起男神的注意，先是以工作为由，加了男神的微信，然后心甘情愿地放下了刷剧和抖音，从网上下载教程学习做甜品，并不时把自己的杰作发到朋友圈，再配一段让人心动的文字。

就这样，美食加美文，不到一周，男神就被这个同样爱吃甜品的女生撩到了，主动过来勾搭。两人越聊越投机，很快男神就约她一起吃甜品、看电影。

可是，倘若对方看出了你的小九九怎么办？当然不用担心！你觉得能做到总监的男神不知道朋友的心思吗？只不过是他愿意享受这种被设计、被追求的过程，顺水推舟罢了。

试想，一个肯花心思了解你、接近你，耍一些无伤大雅的小心机的女孩难道不是很可爱吗？而且，恋爱这件事，本来就是你情我愿、揣着明白装糊涂。只是作为一个傲娇的成年男性，有时也需要一个可以打掩护的道具来跟你谈情说爱。更重要的是，他正好也享受了这个过程。

所以，恋爱这件小事，有时候真的不能太直白。有些性格直爽的女孩，或许觉得：喜欢就是喜欢，不喜欢就是不喜欢。干脆利索，绝不拖泥带水。像这样遮遮掩掩、欲拒还迎的姿态，实在不咋的，也不太光彩，更不符合我光明磊落的风格。

其实，大可不必这样认为。因为在你还没有确定对方是否也喜欢你的时候，用这样一种小小的手段，一来可以加深对方对你的印象，全面了解你的优点；二来也可以让你明确他是否对你有意思。更主要的是，如果对方真的对你没意思，还可以避免一场双方都下不来台的尴尬。成年人的世界，大多没有真善美的较量，反而需要更多的台阶和遮羞布，给彼此一个可进可退的完美借口。

或许你会说，这不是教人虚伪吗？也不尽然。爱情不在交情在嘛！况且为别人留有余地，不让对方难堪，也是一个聪明人交友的必修课。成年人的社交，不需要你死我活，不需要两败俱伤，也不需要形同陌路，你来我往才是更为理想的双赢。不能因为恋爱谈不成，连朋友也做不得，那就得不偿失了。

当然，在爱情里，主动出击的那个人往往有着先天优势——好看的皮囊或是有趣的灵魂。而被动的那个人或多或少都有些性格缺陷，要么是不知道如何回应，要么就是对自己没信心。

所以，在没有确定你是不是真心的之前，他还需要通过你投入的多少，小心翼翼地判断你的真实心意，才能确定是不是需要接受。一旦确定了你的心意，也明白了自己的感受，回应你的就是他的热情。所以，这也可以说是另一种意义上的试探。

但也不乏一些恋爱高手只享受被人追求的过程。不过能让他有这种享受的体验的人，起码是不讨厌的人，所以才会有这份耐心陪你玩猫和老鼠的游戏。

马斯洛在《动机与人格》中写道，良好的爱情关系的一个重要方面就是所谓需要的认同，或者说将两个人的基本需要的诸多层次融合为一个单一的层次。其结果就是，一个人可以感觉到另一个人的需要，如同是他自己的需要一样。

说白了，就是两个人要有共同语言，互相被对方需要和认同。所以，聪明的人往往在爱情里装被动，让主动的那个人认为自己被认同、被需要，自由发挥，让对方以为依靠自身的魅力征服了你，从而在这场恋爱里不动声色地掌握主动权。

在感情稳定的恋爱关系里，装被动也同样有用。性格急躁的恋人，一旦遇到分歧，发脾气、放狠话什么的，根本无所顾忌。可往往等气头过去，又不免后悔不迭。这时候，如果遇到同样性格急躁的朋友，那么不免一言不合就分手。就算事后后悔，却又拉不下面子，结果，一对好好的恋人就这样一拍两散。

这时候，聪明人的被动就派上了大用场。一般来说，那些愿意装被动的人，大多都有包容心，只要不是太大的过错，他都愿意包容，用以不变应万变的策略来维系这段感情。

那么问题来了，在爱情里，到底谁被动、谁主动呢？

通常认为，先表白的一方都算是主动。这也难免让人担心，在恋爱里会不会始终地位低下，更容易委曲求全，做出更多的妥协。然而，聪明的情侣却这样玩，他们偶尔会交换主动、被动的身份。这样既可以让主动的一方体会到被动一方的委屈和牺牲，还可以促进双方的相互理解和包容，更利于感情的稳固和发展。

所以，在一段良好的爱情里，没有规定谁就应该主动，谁就应该被动，只有双方相互体谅，相互理解，爱情之花才能开得更长久。

当爱情不再旗鼓相当，终有一天它会走向消亡

当一个人不断突破自我，不断成长，另一个人停止不动，差距也就由此拉开。

大我两岁的堂姐迟迟不肯走入婚姻的殿堂。期间，无论伯父伯母如何威逼利诱、苦苦哀求，堂姐坚持独身的决心都没有动摇。问及不肯结婚的原因，堂姐很坦然地告诉我："我一个人活得很好，为什么要让别人介入我的生活？那不是给自己找麻烦吗？"

一时间，我被堂姐问住了。

诚然，堂姐从小就是那种意志很坚定的人。她知道自己想要什么，不想要什么，不会为了别人的看法动摇本心。

中学时，当所有人都在疯狂追逐琼瑶、席娟的言情小说时，堂姐却特立独行地抱着弗洛伊德晦涩难懂的《梦的解析》。所以，性格独立、崇尚自由的堂姐，不会为了世俗的眼光到了特定年龄而选择匆匆结婚。

像堂姐这样有能力、有才华、不愿意被世俗绑架的独立女

子，不靠别人就已经把生活打理得井井有条，再没有更多时间为了男人不求回报地付出。况且，在她们看来，这种自我毁灭式的付出还存在着极大的崩盘风险。所以，她们宁愿把时间和精力花在给自己投资上。

当然，拥有堂姐这种想法的女人，大部分属于高知女性。她们往往出类拔萃，有很高的学识、涵养、职位，掌握着一门特殊的技能，以及足够养活自己的资本，甚至有些人在某些领域远远超越大部分男人。

恰恰因为这些过人的资本，她们往往对自己的能力极其自信。她们一面可以游刃有余地处理各种繁杂棘手的问题，一面也醉心地享受这种因能力带来的精神愉悦。

她们教身边那些因过于依赖男友或者老公，在对方忽然抽离时不知所措，不知该如何应付接下来的人生的朋友，怎样处理生活中的突发事件。她们在帮助朋友的同时，也产生了一种凌驾于所有人之上的优越感。

看吧！正因为她不能独立地安排好自己的人生，所以才会出现这样的失败。她在内心鄙视生活的失败者，同时也会更加坚定自己当初的选择。这种若有似无的骄傲，会让她产生不再需要别人的意识。

因为在她强大的精神领域里，她才是真正可以主宰自己人生的王。

基于这样的现实，造成了越优秀的女生越容易被剩下的现象。她们并不是无人欣赏，恰恰是因为太优秀了，掩盖了旁人的光芒，于是失去了对于美的原始追逐和欲望。

而欣赏和吸引，恰恰是一段爱情的开始，所以她们才会被剩下。

一个人活得很好叫独立。当然，独立的人生没有什么不好。只是没有对手的欣赏难免孤独。一个人在神坛上面待久了，总会心生寂寞，需要同样出类拔萃的人来欣赏。哪怕只是一个嘲讽的眼神、一份挑衅的战书，也能激起你继续走下去的欲望。

没有欲望的人生是孤独的，同样，没有对手的人生也是寂寞的。

但是为什么慧敏的黄蓉会选择老实木讷的郭靖？这恰恰是黄蓉的聪慧之处。

她深谙人性的阴暗，游刃有余地计算江湖险恶，甚至可以将对方的一言一行量化成棋局上任意摆布的棋子。但同时，她不会完全信任任何人。郭靖恰好弥补了她的这些弱点，他为人刚正，近乎痴傻。也正是这颗赤子之心打动了聪慧的黄蓉，让她可以毫无顾忌地将后背袒露给他。

因为呆傻，别人予他一分好，他就对人十分真。因为头脑不灵活，所以他的武功的一招一式都是用汗水垒加起来的，这也是黄蓉看中郭靖的原因。

论聪明，无人能及黄蓉。但聪慧的黄蓉不怕麻烦，愿意帮助并不聪明的郭靖成为一代大侠。

因为慧敏的她知道，一个人独领风骚太寂寞了，成功只有与人分享，才能算得上人生大满贯。一黑一白，一偏一正，才能成就不朽的圆满。

像堂姐这样的姑娘，并不在少数。她们的内心并不是不渴望爱，只是她们更倾向于获得，不愿意付出。在爱别人和爱自己之间，她们选择爱自己。

当然，这并不是指责她们自私，批判这种自我中心的爱情观。只是她们更加注重情感的质量，善于从身边、周围或者书中获得坚定不移的爱情信条，并通过事实去印证这些信条，然后更加相信自己愿意相信的真理。

"你看到的只是你想看到的。"这是麦基在《可怕的错觉》里提出的概念。也就是说，一个人心中拥有某种情绪，心里就会自然而然地带上强烈的个人偏好，并用自己所见的一切事实去佐证。

堂姐的选择无可厚非，我也不能去苛责什么。只是人的心境会随外部环境的变化而变化。总会有那么一天，有那么一个人，让你甘愿走下神坛，返璞归真，回归尘世的烟火尘埃。

一个人活得很好叫独立，两个人活得很好叫圆满。不仅恋爱如此，婚姻也是如此。

电影《记忆大师》中，江丰原本是一个不起眼的小说家，妻子张代晨是美貌与才华兼备的游记作家。当他们的爱情从青涩懵懂走进神圣的殿堂，张代晨为了给爱人创造更好的创作环境，选择了回归家庭，停止自我成长。

数年过去，江丰声名鹊起，而张代晨却籍籍无名。当看到同伴周游世界，出了新书大卖后，她不开心、苦闷、郁郁寡欢。

生活似乎在不知不觉中偏离了预设的轨道，她喝了酒后哭着问江丰："如果我没有嫁给你，如果我继续写书，会不会和朋友一样名扬天下？"

也许你会说："没事，我不在乎，只要他足够爱我。"其实，并不是这样，当一个人不断突破自我，不断成长，另一个人停止不动，差距也就由此拉开。

当某一天，他说："我不再爱你了，因为我觉得跟你没有共同语言。"你愤怒，谩骂，诅咒，将最恶毒的语言化为利剑，怒斥他忘恩负义，始乱终弃。但你自始至终都忘记了一个事实：你没有陪他一起成长。所以，当爱情不再旗鼓相当，终有一天它会走向自我毁灭。

　　爱情没有统一的标准，一个人也可以精彩，但两个人在一起从此就不会孤单。至少在你用心歌唱的时候，还有一个人愿意为你鼓掌。或许那种情感，可以称为相濡以沫。不过至少在大多数人看来，那才算是人生的大圆满。

真正的爱并不是一种感觉，
而是一个我们选择的价值

在学会闻香识人的同时，也要擦亮眼睛，
不能偏听偏信，要客观地做出自己的判断。

我陪段凌姐相亲，没想到来的男人居然跟段凌姐认识。不过见面时，那男人略显尴尬。后来，段凌姐颇为好笑地告诉我，那人原来和她相过亲。

我非常好奇，那男人看起来还算靠谱，谈吐也不俗，工作安定，段凌姐为何不继续跟他相处？

对于这段经历，段凌姐倒没有太多顾虑。她说，其实开始两人还是很有感觉的，也处了一段时间。第一次上他家做客，段凌姐难免有些紧张，那个男人还很贴心地提醒她："别担心，我妈很好相处的！你们将来肯定能处好！"

我还开玩笑取笑段凌姐："这么体贴的男人错过了，你会不会觉得遗憾？"没想到，段凌姐毫不迟疑地摇头："我当时跟你的感觉一样。可惜啊，他是个道貌岸然的渣渣！不！比渣渣还可恨。只不过当时我还不明白，他这句话的潜台词是：我妈很好相处，如果你们相处不好，是你的错，你要改。"

他妈不喜欢会化妆的女孩。第一次见面，他妈就很挑剔地告诉段凌姐：女孩子要自重，不能打扮得花里胡哨，穿超短裙，这样会招来坏人的觊觎。

更奇葩的是，他妈一边转弯抹角地问段凌姐以前交往过几个男朋友，一边自顾自地夸她儿子老实本分，有本事，一定要找一个干干净净、本本分分的正经女孩。

会化妆、穿裙子等于不正经？

段凌姐这下不淡定了。在她的认知里，第一次上门拜访别人，化个淡妆、着装得体是一种礼仪，是对别人的尊重。怎么到了他妈嘴里就成了不正经？真是一朵万年奇葩！

原本她还指望那男人替她应付两句，没想到他不但不制止，反而一脸赞同地对她说："我妈这么说都是为你好，你听我妈的准没错！"

末了，他还巴拉巴拉一大堆，说他妈养他不容易，离婚后怕他受委屈，硬是坚持没改嫁，他妈如何历尽艰辛将他培养成一代英才，云云。更可笑的是，他妈也是一脸与有荣焉的做派。

段凌姐一下子气笑了，真是一家子奇葩。这是上辈子拯救了银河系还是怎么的，咋就能自恋成这样？他现在就义无反顾站在他妈那边帮腔，以后只能变本加厉。所以，饭还没吃完，段凌姐就果断跟他掰了。

"我妈很好相处的。"

相信任何一个风度翩翩的男人说出这话时，都会让人心生好感。而这句话本身也没有错，错的是说这句话时所摆出的高高在上的姿态，满满的维护，毫不迟疑的信任。

就是这么简单的一句话，却能在原本亲密的夫妻关系间插入一座不可逾越的大山。婆媳关系已经是世界级难题，很多家庭的矛盾都来源于此。

当然，对婆婆来说，儿媳妇本来就是外人，是来和她抢儿子的。所以，婆婆对于儿媳妇各种挑剔，各种看起来不顺眼；而对于新家庭成员媳妇来说，只有丈夫这么一个熟人，如果婆媳之间有一点意见不合或者小争执，她肯定满怀希望得到丈夫的支持和理解，让她在孤立无援的新家里感到被看重和认可。如果对方毫不迟疑地维护婆婆，那她肯定是要死的心都有了。

所以，明智的丈夫一般会选择站在妻子一方，私下里再做妈妈的工作，毕竟母子之间更好沟通。这样考虑周全的丈夫，才值得一个女人全身心地信任和爱，同样也是家庭和谐的高级润滑剂。

"我妈很好相处的。"说这句话的男人，要么是自以为是的"直男癌"，要么就是凡事以他妈为中心的"妈宝男"。

直男癌们往往自以为是，他们考虑一切问题都是从自己的角度出发，不会在意别人的感受，不会委屈高贵的自己。所以，连带着他认为对的事情，别人都是轻易不可以质疑的。他妈跟他生活了几十年，很辛苦，而你是他娶来孝敬她老人家的。况且你比她年轻，有涵养、有学识。所以，迁就她老人家一下，也没有什么大不了的。再说你不是爱他吗？爱他就要爱屋及乌，像爱他一样爱他妈妈，不可以忤逆她，更不可以不尊重她。

可是凭什么？凭什么媳妇就要迁就，就要低头，就因为她年轻，她是后来者？这是典型的流氓论调。所以，对于无可救药的直男癌，一经发现，姑娘们要有多远就躲多远。

妈宝男是比直男癌更可恨的一类人。他们不像直男癌那么直观，可以轻易从其言行举止中看出来。通常他们看起来更人畜无害，就像毫无杀伤力的小绵羊，乖巧、听话、不过分地表现自己，更加善于伪装。

但是，当身为妻子的你和他妈发生口角，他最擅长的就是装无辜。因为在他的意识里，从小到大，不管大事小情，都是他妈在操办，帮他做决定。而且他妈足够爱他，没有理由会害他。所以，他妈没错，错的就只能是你了。

因此，在思考的最初几秒钟，他就已经做出判断，把你排除在外，义无反顾地站到他妈那一边。那么为了他妈喜欢，你还是赶紧从了吧。

说白了，妈宝男就是一个没有脱离奶瓶的"巨婴"。他们对于是非的判定往往很模糊，常常取决于某个人的喜好，没有独立的主人格，喜欢逃避，不喜欢担当。在他们的惯性思维里，他们通常选择对自己有利的一面，往往很自私。妈宝男不是理想的丈夫人选。

诚然，直男癌、妈宝男都不是理想的交往对象，因为他们无论在心智上还是处事上都不够成熟，处理问题不够客观，不是偏激就是没主见，缺乏一个男人的担当和责任。因此，在学会闻香识人的同时，也要擦亮眼睛，不能偏听偏信，要客观地做出自己的判断。别让根深蒂固的个人偏见，误导你做出错误的选择。

别让生活的琐碎成为
你们的"战场"

拨开生活的表面深入实质后，我们会发现，
不管是在哪个领域，越纯粹的人，越容易
从日常中体验到幸福感。

真正的幸福是不需要拿出来炫耀的

真正的幸福，不需要炫耀，也不需要比较，只需要认真地过好幸福的每一天，仅此而已。

年末聚会时，遇见了多年未见的琼姐。她还和以前一样，话不多，脸上带着让人舒心的笑。旁边一个打扮精致的女人拨弄着无名指上的钻戒，得意地对身旁的女人们炫耀："我都说了不用买钻戒，我老公偏要买，还专门到香港的免税店去买，他说这样才能配得上我们坚贞的爱。"

话里是满满的得意，让人忍不住翻白眼。明晃晃的大钻戒在一堆爱慕虚荣的女人面前晃来晃去，简直是赤裸裸的炫耀。不过她好像还不满足，故意找碴儿似的向琼姐挑衅："我记得你结婚时，戴了一个这么大的鸽子蛋，怎么不见你戴，不会是租来撑门面的吧？"

关于那个女人，我也有所耳闻。她本是琼姐的好友，和琼姐同时考上艺术院校。琼姐靠自己的努力，一步步走上影视舞台，有了不小的名气，而她一心走捷径，靠整容、绯闻搏上位，在圈里混不下去了，就找了个六十多岁的丧妻富商接盘，居然还有脸出来显摆，简直让人像吃了苍蝇一样难受。

我以为凭琼姐的骄傲，肯定会毫不犹豫地打回去。可是，琼姐只是礼貌地扯了扯嘴角。后来，琼姐告诉我，对于爱炫耀的人，你的不予理睬，才是对她最有力的反击。

的确，对方准备了那么久，终于憋了个大招，原以为你会惊艳一下，或者受到刺激，与她来一场旗鼓相当的正面战争。没想到，居然连一丝水花也没有翻起，想想都知道她肯定憋气。

生活中不乏这样的人，她们天生爱炫耀，爱比较，偏偏自己又如此平凡。所以，不论走到哪里，她们都不放过任何一个成为焦点的机会。于是，从新买的包包、衣服，到老公的收入、小孩的成绩，明明自己没什么能力，偏偏不甘示弱，努力显摆自己认识的有钱朋友、亲戚来装门面。

她以为，只要说出那些不曾拥有的东西，就可以念动咒语，像芝麻开门一样梦想成真，真的可以过上那种令人羡慕的生活。殊不知，她的这种行为在别人眼里只是一个不太好笑的笑话。

其实，真正的幸福往往不需要炫耀。

看一个人缺少什么，就看她炫耀什么。正如一个人拥有了美貌，那么她在择偶方面就不会太注重对方的长相，相反会关注对方的人品、学识以及其他，关注的往往都是自己欣赏的，却又恰恰缺少的那一部分。

这一点很好理解，就好比一个孩子得到了梦寐以求的玩具，就会忍不住地向其他孩子展示一样。正因为从来没有得到满足，所以才会心心念念。如果让你天天吃山珍海味，你肯定早就腻味了，哪里还会有什么新鲜感。

当然，也不排除某些人就是想通过向别人炫耀来谋取幸福感。总而言之，幸福感是一种很抽象的感觉，往往是人类在某一方面得到满足时，从身到心不由自主散发出来的一种令人愉悦的情绪。

朋友圈里喜欢自拍晒豪车的人，往往都是爬到别人车上玩自拍被赶下来的人，他或她实际上可能只是个保险员或者服务员。没事就晒自己很忙的人，真实的状态往往是无所事事，不然哪有时间拍照P图发朋友圈，早就忙着创业挣钱去了。

所以，活在朋友圈里的人，大多都是生活不如意的人。他们为了让自己看起来很高端，用了无数的铠甲和亮片拼命地装饰自己，活成了别人眼中光鲜亮丽的自己。

他们看起来好像高端大气上档次，却不知在炫耀的同时，也展示了自己的软肋——内心不够强大。真正强大的智者，偏偏低调得要命，因为他们不需要别人的赞同来肯定自己。

因此，在某种意义上来说，晒幸福等于亮软肋。

你见过哪只老虎没事就秀一秀锋利的钢牙？根本不需要，因为人们早已知道它们牙尖齿利。

曾经有位朋友要装修房子，对于要装成什么风格，他心里没谱。于是，他参观了几个朋友家的装修。后来，他告诉我，当他到做生意的朋友家时，一进门就是一面古香古色的大书架，上面摆了满满的国学经典和世界名著。

他当时很自惭形秽，做了那么多年老师，自己家里居然找不到一本名著。然而，等上手一摸，才发现那都是书皮壳子。那位朋友不好意思地挠头，说自己没读过什么名著，就是装一下门面。

这就是典型的缺什么补什么！

从小缺少父爱的女孩，成年后往往喜欢找年龄偏大的男人做伴侣；从来没有去过美国的人，往往喜欢把家里装修成乡村田园风格，还动辄张口"美国农村都这样"！

美国农村都哪样？你都没有走出过国门，单凭几部美国西部影片，就可以意淫美国农场主的幸福生活，简直是贻笑大方。

也正因为如此，琼姐的那位曾经的友人，才会拼命抓住一切机会炫耀自己。这类人，其实从心底就没有自信，知道自己跟琼姐之间的差距，无法在自我价值上满足虚荣心，只好通过这些标榜身价的道具来强调自己的强大，以及努力让自己看起来很好的假面幸福。

然而，假的就是假的，无论你装得如何逼真，这些都不是真实的成像。偶尔满足一下小小的虚荣心还可以，若是入戏太深，反而忘了真正的自己。

你那么拼命地晒，拼命地炫，说白了就是想要拼命地抓住。然而，所有的幸福都是简单的、低调的、平和的内心感受，太高调了反而太假，不真实。

正所谓大音希声、大象无形，真正的道理无须多言。同样，真正的幸福也不需要广而告之，它是你得到满足时的情绪外露，是一种由内而外、自然而然的真情流露，而不是你大张旗鼓地显摆，就能彰显你的幸福指数高。

所以，真正的幸福，不需要炫耀，也不需要比较，只需要认真地过好每一天，仅此而已。

真实的世界里，没有谁是另外一个人的避难所

真正的美好，是别人提供不了的。它必须由我们自己向我们的内心深处寻找，必须由我们自己在时光中一点点构建。

我和朋友在一起吃饭，她谈起了她的同学小D。小D毕业于一个很不错的学校，专业很热门，可是快三十岁了，却还做着入门级的工作，且每份工作她干的时间都不太长，最短的一次从入职到跳槽，居然只间隔了二十天。

朋友说，其实小D为人并没有什么不好，聪明漂亮，性格柔顺，唯一的缺陷是太多情。她极易投入一份感情，那些追求她的男性不用费什么力气，就轻而易举地让她相信了他们的甜言蜜语。

她进新公司没多久，就被一个男同事追到手，和对方偷偷摸摸谈起了恋爱。

日常工作上她似乎异常脆弱。本来发誓要好好做这份工作，刚踌躇满志了两三天，男朋友发微信哄她说"你不用怕，将来

我养你"，她就沉浸在他给的这种深情里，幸福得如同一个得到了糖果屋的小女孩。

此后，但凡有一点闲暇时间，她都会捧着手机阅读言情小说，追言情剧，完全沉醉在对浪漫爱情的向往里。点开她的朋友圈，你会发现，她常转发"真正爱你的男人，一定会做的几件事"这类信息。日常生活中她更是把一个男朋友要做到的三大纪律八项注意时刻挂在嘴边。

在她的世界里，爱情来势汹汹，如戏剧般夸张。但是过了最初的甜蜜期，她就开始有各种烦恼了：诸如男朋友的工资不够高，不够上进，出去玩细节不到位，某个雨天因为加班忘了送她回去，等等。

她时常半夜十二点在朋友圈里感慨北漂生活的不易。她说，想找到一个真正意义上的好男人，免她惊扰，免她奋斗的痛苦，免她生活的各路艰辛，没想到，这个世界总是事与愿违。

当初追求她的男同事，没过多久就和她分手了。

问他原因，他说，因为她对爱情的愿景和期待太高了，能满足她要求的，地球上找不到，大概只有火星上才有吧。

譬如公司里有一点人事上的麻烦，或是遇到工作上的烦心事，她就会打电话向他诉苦。一开始还是凄风苦雨，但在她倾诉时，他只要稍微流露出一点不耐烦，她就会大发脾气，拿他以前的承诺来质问他，问他为什么承诺过要保护自己周全，如今遇到问题却什么也做不了。

事实上，爱人们在一起，本质上就是相互安慰、相互扶持的。

她之所以会有这样的困惑和那样的抱怨，正是因为她渴望通过找到一个爱人来解决生活上所有的问题。

我不知道她为何会有这样的愿景，但是真正好的情感关系，从来都不是寄生式的，必须是两个强大的人构建的同盟。

这个世界上有很多书和爱情童话都会告诉我们：一个女人，只要没有什么野心，心地善良，与世无争，就可以获得自己想要的美好生活。

在我年少的时候，我也曾相信过这一点。

我曾经也认为，这个世界上的一切，都是浪漫的，只要维持期待，不需要触碰到生活的本色和那坚硬的质地，不需要靠自己奋斗，让那些爱我的人来保护我就足够了。

只是，我从这种梦里清醒得很快。因为我越深入生活的肌理，越明白了别人的不易，更懂得了，正是因为这个世界上有风霜剑雨，所以相互体谅、相互负担，才是一种真正的人生常态。

而她则因为一直沉浸在对别人的期待里，总希望通过情感的连接来一劳永逸地解决自己的问题，所以才会一直碰壁。

正如她的前男友说的那样，这样的人并不存在。

她以为是自己选择男友的眼光有问题，事实上，是她对这个世界没有什么清醒的认知，以至于快三十岁了，仍然如无根浮萍一般不能安定，亟待通过一场婚姻来拯救自己。

在她的理想里，生活应该像一份精美的礼物，而爱情就是打开这份礼物的路径和钥匙。她对情感的期待越高，她想从情感中索要的回报就越多。

事实上，渴望找到一份能解决自己所有问题的感情，是很多女人对爱情的认知。

在她们的观念里，这个世界上复杂的人和事、无处不在的压力、你死我活的竞争，都需要由爱她们的男人去解决。

而我们呢？我们只需要有一颗真心，就应该被生活优待，被别人奉养，永远也不能被辜负。

于是一旦自己的男友在工作上没什么野心，心地善良，与世无争，她们就会对其感到不满。

很早以前看到过一句话：成人的世界，并没有谁比谁活得更容易。拿性别和爱情为借口，抵挡不了残酷的现实。

当生活的伤口被撕开时，我们应该自己去面对，而且只能自己去面对，旁人根本不能代替。

那些岁月静好、美满幸福的童话故事，令我们心生向往，但是合上书，我们仍然要面对我们可能遇到的不堪——这个世界必须加给我们的那些不堪和真实的鸡毛蒜皮。

那些错以善良为借口的爱，有时候仅仅是为了逃避我们需要面对奋斗的事实。

那个通过找男朋友保护，去解决自己内心问题的姑娘，爱情的失败已经成了她自我伪装的借口。她以楚楚可怜的形象示人，只能获得别人偶然的同情心，很难真正改变自己的处境。

她被男人的甜言蜜语所打动，到最后却总是俗套地陷入对爱情的幻想中，而这份幻想，很有可能会成为她的软肋，男人们在耗尽耐心后，会坚决地离开她。

她把情感失败当成自己人生失败的理由，用爱情的通道让别人为自己的欲望埋单，用他人的情感证明自己存在的价值，是永远也无法找到追逐梦想带来的那种脚踏实地的坚实感的。

这个世界的竞争，有时候就像是一个修罗场。在其中的厮杀，是一场孤独的自我战斗。

命运从来都不会因为你是女性就对你网开一面。

真实的世界里，没有谁是另外一个人的避难所。希望从来都不是别人能给我们的，摆脱想要自我逃避的所有借口，一点点积攒属于自我的力量，才能从某种程度上远离那些焦虑和不安。

不要害怕靠自己的人生。

要相信，梦想旅程中的孤独与失败是每个强大的人都曾经经历过的。

真正的美好是别人提供不了的。它必须由我们向自己的内心深处寻找，必须由我们自己在时光中一点点构建。通过枯燥的、单调的、重复的、看起来不那么浪漫和美好的奋斗，慢慢成就。

只有这样，我们才会有一种来自灵魂深处的强大，才能找到一个真正坚实而独特的生活基底。

因为有爱，才能"忍受"任何一种生活

真正的热爱是不计代价的。我们在投入这件事时，就已经获得了我们想要的那种满足。

我曾经在一个文化公司上班，有个叫小C的同事，令我印象非常深刻。

她经常一边向同事抱怨她对工作如何不满，一边每晚坐在公司加班。在这样的心态下，她整个人常常会呈现出一种纠结又诡异的精神状态。

在正常的工作日里，她每天有一大半的时间都陷在自我情绪的消耗里。她看不上这份工作又不得不为生计坚持着。在这种状态下，她不仅工作做得不好，身体状况也每况愈下。她经常在办公室发的一句牢骚就是："上班的每一天都怀揣着明天即将辞职的心思，在工作里几乎体悟不到任何乐趣。"

反观另一个叫小L的同事，她看起来似乎有些傻，做事也不太计较，总是脾气很好的样子。小L的学历在一群海归同事中并不算高，唯一的优势大约就是她似乎比别人更能忍受枯燥、重复的工作内容。

周末，我总是看到她在加班。

某一次，大家都出去玩，只有她一个人在办公室里，一点点做着后期修改。

我很纳闷，因为产品的后期修复需要精确到秒，这些拉过无数遍的产品，我们每个人都快看吐了，为什么她还能耐心地枯坐在此，反复修复每一个细节？

后来我终于找到了机会问她，她说："事实上，这个世界上没有能真正忍受绝对枯燥的人。我能忍耐这件事，是因为这是我真正热爱的事情。"

她的话令我想起了一个深为婚姻苦恼的朋友。她说，她曾经深深觉得，自己的父亲是配不上母亲的。因为她父亲脾气火爆、性格粗鲁，完全不会哄女人开心。她母亲也时常会因为这个和她父亲吵架，但是令她纳闷的是，他们吵完了，却又离不开彼此。

而她自己呢，恰恰是这两个人的反例。她和一位看起来门当户对的男士结婚了，但是在婚后，看到对方的种种不足，她每每萌生离婚的念头。每次母亲都会拿她自己与父亲之间相处的模式作为案例，极力劝她忍耐。

起初，她在一些心理修复的"方法论"指导下，认为是自己沟通方式出了问题，所以她极力忍受丈夫的粗声大气，希望通过温柔和顺的方式与他沟通，却发现这种方式非但没有奏效，反而令她更加痛苦。

她一直不明白，同样是吵架，为什么父母之间能和好如初，她和伴侣之间的裂痕却越吵越深，甚至到了无法修复的地步？

她的经历，让我想起了小L告诉我的那句话。

没有人能真正忍受绝对的枯燥，而婚姻就是琐碎枯燥的日常和偶尔的一点幸福感。

事实上，婚姻里双方的相处，也并非是全然的忍受，而是因为双方的关系建立在爱的基础上，才会忍受对方的种种缺点，并为了能与他/她长久相处，慢慢改变自己身上某些不足之处。

就像《小王子》中讲的那样，人们对于热爱的东西，会投入耐心和时间。小L对她热爱的东西抱着极大的热爱，这种热爱是由心而生的，不仅仅依赖商业价值中的某种评判尺度，所以，她才有耐心忍受枯燥的工作。

婚姻亦是如此。

我那位朋友的父母之间首先有爱，然后才会有忍受和包容对方的可能性。

而她呢？她选择了门当户对的丈夫，却忽略了爱才是彼此磨合的前提。

她的母亲，也因为不能理解这一点，才一再用自己的方式去教育她。

这样就给她造成了极大的拉扯感，令她无所适从，令她感到如此痛苦。

或许，不同夫妻的相处模式各不相同，但是有爱的热忱，是所有相处的前提和基础。

没有真正的热爱，就不具备忍耐的基础。

我身边有很多人，每次感情出了问题，他们立刻就去情感大V的语录里找能指导自己人生的金句，事实上，真正的相处没有固定标准，我们自己能把握的，是爱与不爱的脉搏。

当我们感知不到另一个人对我们的爱时，及时抽身，才是最好的选择。因为这个时候，不管你如何忍耐，如何退让，如何牺牲自己，都无法打动一个不爱你的人。

记得有个作家在她的书里写道：一个离婚的女人，因为前夫对她尚有法律上的赡养义务，她每个月会定时地去他那里索取赡养费。前夫因此不得不奋力工作，以此勉强维持自己与她的生活。

她用不了那些钱，但是她在向前夫索取的时候，毫不手软。朋友看不下去，来劝她，她说，曾经很爱他，才会心疼他，怕他会累。如今已经不爱他了，当然也就下得了这份狠心了。

对于不爱的人和事，我们是如此残忍。男女皆如是。

的确，这个世界并不缺道理，缺的是实践和反复磋磨。很多人也想好好去维系一段关系，可是他们无论如何也无法说服自己忍受对方的种种愚蠢之处，因为他们不能爱对方，所以无法真正投入耐心和自我改变的成本。

只有真正迸发着生命热情去爱一个人、爱一件事，才能把枯燥转化成乐趣，才能忍受漫长而无味的生活。这个世界有太多人不明白这个道理，他们选择进入婚姻，只是因为年龄，因为身份，因为外界的需求，甚至因为他们需要婚姻这样的躯壳标明自己是一个正常人。

这是精致的利己主义带来的后果。很多人在最初选择交往对象时，都把情感判定为不丧失自我的前提下的互惠互利的契约关系。他们考虑了一百种不利于自己的因素，唯独没有考虑到这一点——唯其热爱，方能从枯燥中找到乐趣。

是爱激活了我们的心灵，唤醒了我们的浪漫，把日常的琐碎变得真正有趣味。

真正的热爱是不计代价的。我们在投入这件事时，就已经获得了我们想要的那种满足。

爱，在爱中满足了。

因为有爱的基础，才能把刻意变成日常的基础，把那些需要我们付出努力的事情，变成我们日常的生活习惯。

这世上，仅靠毅力去全然地忍受一件事，非常难。纯粹为了忍耐而忍耐的人或许存在，但是肯定会存在问题。所有在外人看来的枯燥，在当事人都有着不为人知的快乐。

"好聚好散"这个词背后，有一种顺其自然的乐天知命感，当我们还有爱时，我们才能包容爱人的缺点；当我们没有爱时，千万不要让"忍受"的美德阻碍了我们寻找更广阔天地的快乐的脚步。

通往幸福的最佳路径，是用单纯应对复杂

真正能触摸到幸福、为别人羡慕的那些人，总是心智开悟得更早、对世界理解得更通透、更明白自己要什么的人。

有一个对人生赢家的戏称，叫"别人家的孩子"。

我们会发现，有时候，从外面看起来，"别人家的孩子"真的很令人羡慕，不仅从小到大成绩好，很多事情他们也干得同样好，就连嫁人、生子，似乎都是一帆风顺的。

我有个学霸闺密，在上学时是个典型的乖女孩，父母只需按时交学费就好，其他一律不用操心。高考后，她仍然天天在家看书，反而是父母因为过于担心她生活单调，用任务式的方式强令她在家进行一些娱乐活动。

记得我到她家玩时，她笑着跟我说，她的父母太紧张了，人在越简单的状态下，才越容易快乐。只专注自己的那个部分是最好的，强行把自己打造得跟世人的节奏一样，反而麻烦了。尤其是，介入自己不擅长的领域，不是得心应手，而是手忙脚乱。

婚后，她工作了一段时间，大约觉得这不是自己想要的生活，便毅然放弃了高薪的工作，去旅行，学厨艺、手工、造型、插花，读书，业余还写了两本书。

再次跟她见面时，我和她开玩笑："你还是你，一直都知道自己要什么，所以才过得那么快乐。"

她说：对，复杂的只是外界，对于能守住本心的人而言，欲望是很容易满足的。

她的话让我想起了另一个已婚的朋友。结婚之后，她与我闺密做的是同样的事情。她学了很多东西，跑了很多地方，结识了很多"高人"，但是很遗憾，后来她丈夫觉得她太能"折腾"，终于因为受不了而提出了离婚。

实际上，我一直在想，为什么她们做着同样的事情，前者幸福而知足，后者却一直被周围的人认为是在"胡乱折腾"呢？

细想来，大约是我这个闺密从一开始就领悟了自己与这个世界的关系，不管周围的人执行着什么样的标准，她只取自己需要的那个部分。且她坚定而自信，并把这种能自负盈亏的坚定感，通过努力的姿态与高度的自律，传递给身边的人。

她用这种简单的方法，在复杂的世界里找到了自己的简单方式。她每个阶段选择的生活方式，都是为了满足自己内心的真正需求，而不是迎合这个世界某些看起来"高大上"的标准生活方式。

这样，她就不会被外界的标准所累。

而我的另一位已婚女友，却恰恰相反。虽然她参加了很多活动，但从来都没有厘清哪些是在跟风，哪些是自己真正想要的。她满足的，是表面上的复杂和热闹，但这种热闹始终是浅层的，不能真正抚平她内心的焦虑和不安。

说到底，因为她的内心并不纯粹，所以她才会被浮躁侵蚀，并让这种心态拖累了自己身边的人。

拨开生活的表面深入实质后，我们会发现，不管是在哪个领域，那些越纯粹的人，越容易从日常生活中体悟到幸福。

闺密在国外读硕士时，她的很多同学都四处勤工俭学，她咬牙坚持，并没有像她们那样打工。同学嘲笑她懒惰，她只是笑笑说："我不是懒，我只是在一段时间内集中精力做好该做的事情罢了。"

果然，后来参加工作后，她同样是精英，很快就做到了管理职位。做到管理职位后，她发现这并不是自己想要的生活方式，于是在存了一笔钱后，又在众人的疑惑中辞职了。

她说："事实上，这么多年，我并没有改变，我一直都遵从自己的内心而活。只不过，我在遵从自己的内心、追求自己理想的生活时，尽量不消耗亲人的情绪和他们的资源。"

她说这句话时的从容和淡定，让我相信，在对这个世界的领悟和理解上，她有一种透彻通达的智慧。

那种看起来是"别人家的孩子"，过着我们羡慕生活的人，不一定就有强大的资源，也许只是因为他们在做每一件事时，目标都足够坚定，心灵都足够纯粹。

在这个世界上，我们抱怨环境，抱怨自己不够厉害，认为自己起点不够高，并不是为了在努力的过程中找到成就感，只不过是怨恨我们不能通过捷径摘取胜利的果实。

只有充满了欲望而又不想找方法改变的人，才需要一种廉价的、假大空的口号和精神鸦片式的安慰，来把成功的路径缩短，来麻痹必须要一点点改造自我带来的真实痛苦。

就像抱着用婚姻改善自己当下状况思想的女人，她们将全部的心思都用在找一个优秀的成功男人身上，以为人生的幸福会由一个合适的男人带来，她们只管选好一个男人就万事大吉。

然而，人生并不是拉郎配，越是能对自己人生自负盈亏的女人，才越能直抵生活的本质，越能吸引同样强大的伴侣。

因为她们明白自己适合什么，需要什么，不会左顾右盼，更不会为路上的风景流连。

这样的人生，才会充实丰满；这样的心灵，才不会因为错过某种精彩而焦虑。

　　每个人对幸福的感悟、理解都不一样。但你会发现，他们幸福的状态是相同的，一样地平和安定，一样地简单纯粹。

　　真正能触摸到幸福、为别人羡慕的那些人，总是心智开悟得更早、对世界理解得更通透、更明白自己要什么的人。

没有完美，也无所谓失败，
只有每一个不同的个体

你要相信，当你对你想要拥有的生活有足够的认知能力，

对自己要追求的那条道路足够坚定时，

整个世界都会为你所渴望的那种幸福生活让路。

朋友的同学有一个女性朋友，她在高中时代就谈了男朋友。两人的这段感情持续到他们大学毕业。他们并没有在毕业季分手，女生甚至为了男友，放弃了本地稳定的工作，只为了能和对方一路同行。那时候大约所有人都认为这一对应该是能走到终点的。

但幸福的故事常常会有突如其来的转折。令所有人都没想到的是，工作两年后，他们因为一点小误会分手了。

这段旷日持久的恋爱，把这位姑娘拖成了所谓的"大龄剩女"。她自己本来不在乎，但是七大姑八大姨却个个急得像热锅上的蚂蚁。亲友聚会，日常生活里，每每见到她时，所

有人都会问她同样一句话："囡囡，打算什么时候解决个人问题呢？"

刚开始时，姑娘并没有太着急结婚，她只是出于对母亲的孝顺，在母亲让她尝试和那些同龄的相亲男交往时，她会乖乖交换联系方式。

只不过，这些相亲市场上的男性，大多数都对她没有什么深入了解，在彼此礼貌客气地问候后，就没有下一步的举动了。

随着年龄越来越大，她的婚姻问题几乎成了父母的心病。她只要对相亲一事露出一点疲态，母亲就会施展各路情感绑架，眼泪汪汪地控诉她如何不体谅自己，以至于后来她妈恨不得跪下来求她，"就当我求你，能不能别再挑，差不多你就结了吧。"

她也觉得十分抱歉，并非她不想结婚，而是结婚不是她一个人的意愿。不管她是否挑拣对方，只要人家不情愿更进一步，她也是没办法的。

三十二岁之后，她没结婚似乎已经成了妈妈最大的心病，她一咬牙，终于和一个条件差不多、彼此目标一致的男性把婚结了。

她告诉朋友，如果结婚是人生必须完成的一个任务，那就结吧。如今她妈妈没有再唠叨她的理由，她也可以不用爱丈夫，总算能松一口气。因为这个婚姻能让家人开心，能令父母在乡邻中抬得起头，还能证明自己没有什么生理问题。

婚后几个月，她发现自己原来想得太好了，勉强捆绑在一起的两个人，不但很难亲近信任，还会莫名其妙地不适。

更重要的是，她在婚前对丈夫的了解不够深入，结婚了才发现对方有赌博的恶习。

终于在某一次被家暴后，她下定决心，耗费了巨大的精力和丈夫离了婚。

虽然离婚有千般不好，但是唯一的好处是，她妈妈这次倒是不会再逼她结婚了，甚至都不敢提结婚的事。

她本想就这样单下去，便学着慢慢熟悉自己现在的生活方式。

没想到某一天，她又突然偶遇了前男友。他也没有结婚，两人重逢，皆大欢喜。更何况这次，彼此身上都带有时间和岁月攒下的宽容和厚度。放下了之前的骄傲和别扭，二人很快就携手步入了婚姻殿堂。

朋友评价这个姑娘说，事实上，她一直都明白什么样的人才适合自己，但是她无法拒绝被世俗标准绑架。

父母为儿女着想是没有错，但他们始终不能替代儿女去生活。

这个时代，有太多人因为拒绝不了被别人的情感、思想、需求渗透，不敢去等待和守候自己内心真正的需求。

我们用太多世俗标准的表象定义了幸福，却不去关注幸福的实质。

我们在潜意识里，太在意别人的目光和标准，没能形成自己独立决策情感的定力。

其实，很多人在年龄上已经成年，在情感上仍然没有成熟。我们之所以会向父母对我们那种完成任务式的人生规划屈服，归根到底是因为我们自己也犹豫，同样会把自己包装成和大部分人的人生历程差不多的样子，以此来获取自己的安全感。

事实上，每个人都是独立的个体，我们因为自己的独特性才存在于这个世界上。所以，只有自己才能定义自己的生活。

我在电台里听过这样一个故事：有个女孩讲起她的学长说，她在进校时就听说了这名学长的传奇故事，知道他很早就去了一家知名的电视台实习。毕业的时候，她在电视台看到学长的名字，知道他已经靠自己的薪资和贷款在上海买了一套房子。

她说，对于她们这样普通的学校，学长的奋斗历程简直像传奇一样，是他们这些初入职场的人不敢想的。

她那时候关注了他的微博，渴望从他身上学到一点成功的经验。

不过，她没想到的是，这个学长结婚不到三年，他的妻子就坚决要和他离婚，甚至一点挽回的余地也没有。

那个阶段，这个学长似乎颓废了好一阵，在微博上发的信息也显示他十分沮丧。

她后来通过多方渠道，终于打听到学长离婚的缘由。

原来，学长对事业和生活的认知，令他妻子十分不满。他认为工作大于一切，只要他按时给家用，另一半就不应该要求他花太多时间经营婚姻。

因此，在妻子提出离婚后的很长一段时间里，他都无法理解，自己努力向那些"成功人士"靠拢，也收获了外人的称赞，妻子为何会如此坚决地要离开自己。

当然，这种痛苦并未持续太久，后来有一次，她再看到这个学长时，他已经辞掉了工作，在乡下买了一栋房子，培养了很多跟赚钱无关的爱好。

当别人问他放弃曾经为之奋斗的一切是否可惜时，他回答说，他觉得更可惜的是，本应该更早就过上现在这样的生活，却被世俗标准绑架得太久，失掉了太多东西。

他说，曾经以为自己能赚钱养活自己就是独立，其实在精神不完整的状态下工作，并不能算是真正的独立，只是被世俗标准绑架了而已。

真正意义上的独立人格，首先需要对自己诚实。不管是父母，还是世俗标准意义上的价值观，都只是一种参考，不能让它们干扰我们自己的理解和判断。

我曾在一篇文章里看过这样一句话：通往强大内心的那条路，并非外在的斩妖除魔，而是内在的艰难跋涉。

我们总是在说自己要独立，却一次次向外部世界妥协。做到这些是如此困难，所以幸福的人才那么少。

这些年，我不止一次听人抱怨过别人对自己的影响，抱怨过世道的不公，但总会有那么一些人，拥有着我们向往的完满和自由。我一直这样告诉那些抱怨世俗标准的人：你要相信，当你对你想拥有的生活有足够的认知能力，对自己要追求的那条道路足够坚定时，整个世界都会为你所渴望的那种幸福生活让路。

爱你的人都会
心甘情愿输给你

要成为真实的自己，就要从接受真实的自己
的一切，相信自己值得被爱开始。只有这样，
我们才有余力让别人也相信这一点，才能包
容这个世界丑恶的一面，体谅别人的难处。

内心越强大的人，越不会介意向最亲的人示弱

敢示弱的人，是坦然面对自己内心，敢承认自己缺憾的人。这样的人解决问题的路径才会短，直奔主题，不会绕。

某天晚上，有一群年轻人出去聚餐。

在聚餐中，他们玩得很开心，大家喝了很多酒。在回来的路上，因为精神兴奋，没注意看红绿灯，同行的一位姑娘一不小心被一辆车刮到，当场摔在地上无法动弹。

众人都被吓傻了。

他们好不容易手忙脚乱地把姑娘抬到医院后，医生告诉他们，姑娘伤到了动脉，要截肢。

听到"截肢"一词，姑娘吓傻了，立刻要打电话告诉自己的爸爸。

众人害怕惹事，把电话藏了起来。但是这个姑娘虽然并不清醒，却一直又哭又闹，坚持要给自己的爸爸打电话。最后，她终于抢到电话，给自己的爸爸打了个电话。

她爸爸赶来后，详细地询问了医生才知道，事情并没有他们想象的那么严重，对于他们而言，这是件了不得的大事，在她爸爸眼里，并不是什么难题。

讲这个故事的人当时说了一句话：千万不要介意向亲人示弱，或许有时候，在我们看来了不得的事，对他们而言并不算什么。

其实，婚姻也是如此。

记得我有一个朋友在某一次和男朋友吵架后，咬牙切齿地说："这一次，我绝不会向他示弱。如果我向他示弱，我就输了。"

我说，在情感世界里，并没有你想象的那么多限制，你原谅他那些无伤大雅的错误，其实更能显示你比他更强大，所以才更能包容。

她的话，令我想起了我在某个选秀节目里看到过的一个姑娘。这个选秀节目中的参赛者个个才艺突出，在比拼环节使出浑身解数为晋级而努力。唯有这个姑娘没有什么突出的才艺，在自我陈述和当众表演的环节，在一群闪着光的人里，她显得非常"弱"。

比赛结束时，记者采访了参加这次选秀节目的所有姑娘。

那些晋级的姑娘在接受采访时，按照惯例感谢了一大堆人。

轮到这个姑娘时，她告诉观众，她表现得并不好，但是这就是她达到的上限了，大约是天赋有限，所以她并不惋惜。

这个世界有太多人要强，所以有时不妨示弱。

朋友在和我谈到这件事时说，在这个时代，很多人最喜欢的就是真实。一个人，只要活出自己真实的状态，哪怕缺点很多，也能获得别人的体谅。

这个姑娘身上有种不完美的坦荡，她明明知道自己的短板，却不像他人那样伪饰自己，且并不羞于把自己的弱点展示出来，她愿意在众目睽睽下接受和承认自己的缺点，并能让别人感觉到自己为这种短板做出的努力和改变。

那时候，我忽然明白，她并不"弱"，恰恰相反，她是强大的。

只有内心真正有力量的人，才敢于向这个世界示弱。

她们不需要伪装和粉饰自己，更不需要在最亲的人面前掩藏自己的黑暗面。

这个世界上有太多人想赢。

那些想赢的人，有时候都忘记了自己面对的是爱人，是伴侣，是关心他们的亲人。

其实，最坏的感情，就是用锋利的语言武装自己，向至爱呈现自己的强大的模式。

我们会发现，他们一旦遇到了外人，反而不敢吭声了。

"知道自己并不完美""承认自己做不到某些事"于他们而言，是关乎自尊的大事。

我曾遇到一个婚姻不幸的女人，在和她相处了一段时间后，我终于明白了她不幸的源头。

她的语言中锋芒毕露，带着极大的杀伤力。

比如，她丈夫给他妹妹买了一件新衣服，她说："你妹妹身材那么差，衣服档次再高又有什么用？"

亲戚庆贺女儿考上了一所好大学，她听闻后，阴阳怪气地来了一句："考上大学有什么用，又不是清北，没什么可骄傲的。"

她已经习惯了用这种咄咄逼人的方式说话。似乎每一个人，每一件事，她都能挑出毛病。

我曾在她感慨丈夫不爱自己的时候，小心翼翼地对她说："你太强势了，这个世界上并不存在完美，适当向自己的亲人示弱，你会活得轻松一些，也会令他们更舒适。"

强大，并不等同于强势。正因为人的天赋、基因、性格有差异，我们才需要寻找另一半。

敢示弱的人，是坦然面对自己内心、敢承认自己存在缺憾的人。

这样的人解决问题的路径才会简洁，直奔主题，不会绕。

某知名博主有一次在写到一个朋友时这样说：朋友虽然是已婚状态，但是她过得比单身还累，因为她太好胜。在工作上好胜，不做到业绩第一恨不得不眠不休，她手下的员工离职率一向是最高的；她在家庭里也好胜，每个家庭成员都要听她指挥，老公和儿子稍有不满她就歇斯底里地发脾气。当她来问我为什么自己付出了这么多最后大家却不感激她的时候，我都不知道该怎么答复她。

但我一直在想，一个人活到必须面面俱到，丝毫没有示弱的余地时，即使会快乐，也是以透支其他方面为代价的。

其实，真正的力量不是强撑，而是绵绵不绝。强撑的力量不能持久。一个人懂得示弱时，他就没有背叛自己的真实，反而会因为有了缺憾而显得更加真实，可以更快地走向人格的完善，因此而显得更强大。

那些处处渴望占上风、占便宜的人，恰恰是因为他们虚弱。他们害怕自己一旦示弱，很多人和事就脱离了自己的掌控，远离了自己的视线范围，或是会面对自己不得不面对的性格缺点，看到自己那份真实的丑陋。

我们曾经铺天盖地宣传赢家，我们就是因为得不到，所以才在思维里存在一种炫耀感，一种欲盖弥彰的在乎。我想，我们都应该有一种意识：应该允许自己是弱者，允许自己得到大家的帮助，甚至被某些人鄙视甚至污蔑。

当我们真正强大起来时，我们才愿意当一个弱者，能安然地、自顾自笨拙地活着，而不必勉强维持不甘示弱者那种强撑着的虚弱无力。

最好的爱情，既自由又受限

真正清醒的女人，在该努力的时候不会拒绝吃苦，在奋斗的年纪不会拒绝风雨。她们明白，拥有绝对的实力，才能赢得拥有自由选择权的人生。

学姐兰兰的经历，十分令人唏嘘。

我认识她是在高中，她成绩非常好，是同学眼中的学霸，轻轻松松就考上了自己理想的大学。大学毕业后，她直接被保送读研究生，后又顺利地申请到了一个海外知名大学的博士名额。

按理说，写到这里，她就已经是很多人眼里的人生赢家了，可是接下来发生的事情才是重点。

在读博士期间，她认识了现在的丈夫。丈夫对她十分照顾，但就是觉得她不应该出去工作。在他的观念里，女人就是弱者，需要男人的保护，保护她的身体，保护她的生活，接管她后面的人生。

为了迁就老公，学姐读博期间开始把精力投入到经营婚恋关系上，为此把读博期拉长到七年，还差点为此没有毕业。等拿到学位时，她已经三十多岁了，这时女儿刚出世，她老公家里已经在小地方买好了房子，承诺她什么也不用操心，只需要在家带孩子就行。她本来想找个离家近的工作，但最终在公婆的劝解下，放弃了这个念头，专心在家带孩子。

女儿五岁时，她觉得自己终于可以放手了。她刚动了找工作的念头，公婆又以必须要生儿子为理由，让她在家继续生二胎。

我再一次见到她的时候，她刚生下第二个女儿，就和婆家为此产生了龃龉。她想找工作，可是刚生的小女儿婆家没有人愿意带，她年龄已近四十，再带几年孩子后就彻底没有找工作的希望了。她中途虽然进了几家公司，但是跟同事的相处远远没有在家舒服，都是工作一个多星期就离职了，所以她现在几乎等于没有工作经验。

在回忆自己刚结婚的日子时，她说，刚结婚那几年，是她过得最舒服的几年，不用自己做饭、洗衣服，谁知道没过两年，他们家人就变了。

其实，类似的故事并不仅仅在学姐一个人身上发生过。这样悲剧收尾的人间家常我看过很多，结局都各不相同。

这些故事里的姑娘都有一个共同点，在她们心里，另一个人的承诺必须是终生保险的，永远也不会变更。她们把这种变更视为背叛，宁可用余生歇斯底里地纠缠自己想要的那种公道，也不愿意把这段关系斩断去寻找新的可能性。

朋友曾告诉我，毕业时，班上有个和她关系不错，英语也学得还不错的女同学。

毕业后，她建议女同学和自己一起沿着她们的专业路线去选工作。

她们可以一同进外企，使自己的专业技能能够学以致用。这样的话，她们都可以在职场的磨砺下发挥自己的专业特长，不丢掉自己学来的本领。

这位女同学犹豫了很久后，婉拒了她的邀约，主动选择了回到小地方做文职公务员。她说，她男朋友告诉她，在大城市工作压力太大，不如回小地方做个清闲的工作，早早稳定下来好结婚。

她在男友的老家找到一个轻轻松松不用操心的闲职，住父母买好的房子，自己到手所有的工资虽然不如大城市那么多，却会轻松许多。

我朋友说，她们选择了不同的道路，也有了不同的人生。

她的同学因为生活太安逸，慢慢封闭了自己的思维，放纵了自己的欲望。每天的闲暇时间，都被她用来打游戏、追剧，慢慢地，她放弃了曾经的理想和追求。

又过了几年，女同学已经因为沉迷游戏不顾家庭，和丈夫离了婚。她把孩子扔给老人，托我朋友帮忙看看，哪里能找到那种又轻松又能挣钱的工作。

我朋友问她有没有爱好或者哪方面的技能，她摇摇头说："哪还有什么技能，我学到的那些东西，这么多年来早就忘光了。"

事实上，听朋友说起这件事时，我们都为这个女同学唏嘘不已。

从某种程度上而言，她和我那个学姐一样，都是天真的。可惜的是，她们光有天真却没有风险思维，更没有保护自己这种天真所应该具备的智慧。

在她们安然享受着男人提供的未来而不愿意为自己理想的生活付出努力时，是不是一种自私呢？

真正的爱情，在两个成年人身上才能生发。

而她们都把自己放在孩子的位置上，并没有和伴侣并肩而立，共同承担生活的风雨，反而一直沉浸在自己舒适的生活里看不清来路。

不管是我的学姐，还是朋友的同学，她们都为自己曾经选择舒适生活付出了代价。

成年人的世界，没有谁是容易的。别人无法长久地负担我们应该担负的责任，每个人最终都要靠自己面对自己的人生。

其实，生活中我不止一次听见那些年轻的姑娘说：如果我有很多钱，每天什么也不用做，躺在家里又吃又睡，那该有多舒服啊。

幸好她们只是想，并没有实践。

当人生的一切只剩下一眼就能看到底的舒适时，我们也就失去了爱人的可能性和浪漫基因，世界的丰富性会因此荡然无存，人会成为一具干瘪的空壳。

很多人之所以会产生"有吃有喝有玩，没有束缚就是最好的生活"这类的想法，是因为他们不理解生活和爱的真正意义。

这些东西的真正意义，必然是从真实的生活中生发的，是由内而外的安心。

当我们放弃了靠自己强大，在束缚中寻找舒适感和稳定感，我们就会付出自由的代价。

安于这样不需要自我奋斗的舒适区域，其实是把自己的人生交付给了别人。我们在这样舒适的躯壳中停留太久，就等于我们自己主动放弃了增长自己实力的机会，也放弃了我们自由选择的资本。

当一个女人能拒绝以爱为借口摘取异性的劳动成果，拒绝身处安逸的环境消磨自己的意志时，她就会慢慢建立起属于自己的天地，一点点加固自己的安定感。

最好的爱情，是在人生的重重规则限制下，靠自己一点点扳回属于自己的自由。

越早清醒的女人，越会努力。她们要为未来的自己增加砝码，要让自己在风雨中锤炼出应对风险的本领。只有这样，她们未来的人生选择才不至于太狭隘。

不要轻信那些一生一世的承诺。人们嘲笑的从来都不是对梦想的追求，而是一个人想不劳而获的奢望。

真正清醒的女人，在该努力的时候不会拒绝吃苦，在奋斗的年纪不会拒绝风雨，她们明白，拥有绝对的实力，才能赢得拥有自由选择权的人生。

一个男人对一个女人最大的爱，就是和她结婚

只有它，能给我们底气，给我们形式上的安宁平和，给我们也无风雨也无晴的好时光，给我们理直气壮去付出爱的社会资格。

他爱了我那么久，为什么现在说喜欢别人就喜欢别人了？电台里，有个女生在低泣。

事情的源起，是有一个很喜欢她的男生从进大学开始就一直在追求她，直到双方大学毕业时，这个男生仍然对她念念不忘，想方设法地在她所在的城市找到了工作。

这个男生为了能把她变成自己的女朋友，几乎做了所有的努力：早上帮她买早饭，平时帮她搬东西，陪她逛街、去图书馆，听她说心事，甚至还开导过她与别人的情感纠葛。

她总是一有事就给这个男生打电话，久而久之，这几乎已经变成了她生活中的一部分。

她打电话的时间也是不固定的，有时候是清晨，有时候是傍晚，有时候是凌晨三四点，只要这个男生接她的电话慢了，

或者是稍微露出一点点不耐烦，她就会冲他大发脾气。

更过分的是，这个男生已经放弃追她，在和另一个女孩交往了，但是有一次，她突然有事要找这个男生，男生出于无奈，只好带着自己新交的女朋友去找她。路上她接到了她爸爸的电话，叫她带一包烟回去。三个人一起进了一家便利店，她买完烟后，这个男生碍于自己的女朋友在场，没有主动帮她付钱，结果她竟然大发脾气。

而这次，这个一直喜欢她的男生却没有继续包容她的任性，他很生气地告诉她——自己现在已经放弃追求她了，希望她能弄清楚自己的身份和双方的界限。

在和电台主播讲述这段感情经历时，女孩很苦恼，她不明白这件事到底哪里出了问题。

她说："他为什么不包容我了？毕竟我们以前也是这样相处的啊。"

这么多年下来，她认为这种相处模式已经变成了彼此的习惯，却没有想过这原来只是自己一个人的习惯而已。

她很失落，原来她并不在意的人，在失去之后突然变得很重要，甚至重要到让她有点难以接受这个现实。

也许，这个女生只是没有弄明白一点，所有旷日持久的单恋，最后都会变成过眼云烟。

在这段关系里，她一直在享受对方女朋友的待遇，却没有给对方该有的名誉和待遇。

因为，给予对方男朋友的名誉，公告天下，其潜台词就是拒绝其他的可能性。她的舒适区恰恰是别人的重灾区。这样不对等的关系，注定难以持久。

也许，这个男生曾经对她有过爱情，可对于大部分普通人而言，爱情本身是不确定的，爱情是有保质期的——主持人没有告诉她的是，如果不能一起走到彼此交往的实质里，再深的爱情也只能成为过眼云烟。

一部言情小说里有一句话：爱情有一个期限，在这个期限里，你可以无限支取，可是一旦过了这个期限，它就变成了一张废纸。

这个女生的故事让我想起一个暗恋有妇之夫多年的姑娘。尽管她反复强调自己对他确实是真爱，可是那种苦恼感，却让人一眼就能洞穿她口中所谓的真爱毫无幸福可言。

她说，明明对方除了婚姻，已经什么都给她了，但是她还是会有所不满，常常不安。她不明白，到底是自己要求太多，还是这份感情本身就有问题呢？

事实上，无法进入实质阶段的情感，不能暴露在阳光下的情感，背后总是会暗藏着某一方自私自利的感情。

他们享受了爱情的实质，却不愿意承担爱情的责任。

这样的感情，不管如何粉饰，都是欲望占主导的。

感情的双方，内心都很明白，所谓的感情，是建立在弱势一方明白事理的基础上，如果这一方的要求一旦超过限度，关系很可能就会破裂。

我想，如果这个姑娘某一天能够在人生路上走得更远一点，站得更高一些，真正从这段感情中解脱出来时，她回顾自己的某些行为，也许会为当时自己的痴傻感到可笑和不解。

人性无常，甚至常常脆弱得不堪一击，滚滚红尘中，鲜有比德如玉的君子、好德如好色的高人。

在正常的情感里，我们也会受伤，也会发现感情的种种不堪和满身伤痕。

哪怕我们知道，这个世界上的爱情鲜有能化茧成蝶的，绝大部分最后都变成了蛇虫鼠蚁，难看死了。

但是，谈一场能暴露在阳光下的恋爱，努力把这段感情向着能白头偕老的方向牵引，我们在最后回顾这段感情时，才不会因为自己的软弱而看轻自己。

不要到了最后才发现，这一段飞蛾扑火式的爱情，只有自己一个人被烧伤、被牵连、被放弃，然后，只能自己一个人躲在角落里，孤独地舔舐伤口。

毕竟，我见过很多痴男怨女，在一开始的时候，他们也并不相信曾经风嘶海啸的情感最后会归于沉寂，曾经热情如火、柔情似水的感情终究成了过眼云烟。

我曾经问过我的朋友，在老公精神出轨和肉体出轨之中，你觉得哪一点更加不可原谅？

好几个结婚的女友想了想，都给了我一个有悖于书中宣扬的精神忠诚应当高于人生一切的答案——肉体出轨，这是她们觉得完全无法原谅的一件事。

因为肉体上的欢愉，有了情感的实质，不可原谅。语言上的撩拨太轻，不足以令久经生活考验的她们再动怒了。

是的，你可能不会相信，那些没有走到实质的情感，即使不曾令我们如临大敌，它们也很可能无疾而终。

所以，那些过来人才会告诉我们，维系一段感情最好的办法，就是经常见面。

而一个男人对一个女人最大的爱，就是和她结婚。

我想，拥有了婚姻，并不一定拥有幸福。不过它终究是爱情期望的注脚和方向，因为只有它，能给我们底气，给我们形式上的安宁平和，给我们也无风雨也无晴的好时光，给我们理直气壮去付出爱的社会资格。

所谓活得高级，就是内心自洽

要成为真实的自己，就要从接受真实的自己的一切，相信自己值得被爱开始。

下班的路上，地铁上邻座的两个姑娘吐槽。其中一个姑娘说，她朋友圈有一个女生，每天都在经营自己"内分泌女文青"的人设，她几乎不管什么鸡毛蒜皮的小事都要在朋友圈里刷屏——剪了头发，买了一件新衣服，看到什么花花草草了，都要发出一句什么感慨。

更令人郁闷的是，她发的每一张图片都还配上一句从网上搜罗的看起来很文艺的句子，全方位、多角度地向别人展示了自己假想中的生活状态。

她说，她认识这个女生，知道她在现实里是很胖、很宅、乱糟糟的一个人，日常的自拍照都是假的，可是在网上装高大上的文艺女青年装得极像，以至于自己每次想把她删掉时，又忍不住想看看她背后到底还有多少戏。

文艺女青年这种旷日持久的自我营销，后来终于收到了效果。有一个男生开始追求她，并提出了见面的请求。

在人设即将崩塌的时候，女生打电话向她求助，问她能不能假扮自己和这个男生见面，等过了和男生见面这一关后，她自己再继续用微信与这个男生调情。

她拒绝了这位文艺女青年的要求，那名女生生气地立即将她拉黑了。

她说，越是渴望感情，就越应该对自己诚实，这样，你才能分辨到底谁是真心、谁是假意。

她讲的这段故事，让我想起了另一个喜欢晒生活的人。

和那个女孩一样，她晒的并不是自己的真实生活，而是粉饰之后的假象，那种理想中的"高级"，充满了名车、名表和各种奢侈品的生活。

譬如，明明是朋友开车带她去兜风，她却偷偷把能显示名车品牌的标识拍下来发到朋友圈，并配上一句"新买的座驾，不是太满意，不过也将就开着吧"。

后来她谈男朋友时，常常会被对方的身份、地位吸引，但相处了一段时间之后，对方总会因为她家庭不太富裕、出身太低、学历不高等种种原因，选择与她分手。

她粉饰出来的"高级感",常常被明眼人一眼洞穿。

她说,总感觉自己活得太累。不像有些女人,她们轻轻松松就能嫁个好男人,过上人人称羡的生活。

在她的想象中,所谓的高级生活,似乎就只是奢华品累积出来的城堡,是对名牌的赞美,是无限满足自己的欲望。

其实,走这样路线的,恰恰是伪高级。真正的高级感,一定如春风一样和煦。

真正的美好,也无法从外界寻求,因为它来源于我们自己内心的踏实感。

一个人如果没有强大的理智与分辨能力,就无法抵达真正的诗与远方的美好。

因为,那些被伪饰过的美,已经失去了它的底色,它是无根之木、无源之水,注定无法持久。

真正高级的美,常常需要有透过现象看本质的智慧。这样的智慧,需要用情商、智商来为自己保驾护航,只有这样才会赢得真正的尊重。

其实,在这个世界上,不管是名利,还是爱情,都是大多数人努力的方向、奋斗的源泉。

只不过,最高级的追求方式、最完美的活法,绝不仅仅停留在表面上，而是会深入生活的肌理，用更高级的视角去审视自己的内心，找到真正对自己有价值的那个部分。

这样的人，必定不会执着于奢侈品的摆拍、衣服的昂贵。

一个精神上真正独立的女人，是敢于从任何年龄、任何阶段起步的。她不会把精神触角寄托在外界事物上，因为她的精神是完整的，人格是健全的。

她有勇气应对所有的挫折，不会被生活的变故打败。

所以，她也不必为了讨好世界、赢得别人的喝彩而伪饰自己。

这样的人能清晰地分辨到底应不应该在意外界的声音，到底值不值得让其影响自己的生活。

我们会发现，只有对自己诚实的人，才不会惧怕暴露自己的弱点。

因为她还有自省的能力，也有付出爱的能力。

哪怕我们能骗过所有的人，我们放低了对自我诚实的界限，我们也会感到不安，感到痛苦。修炼的最终目的，就是让自己能真正做自己，找到心灵宁静。

不真实的，永远难有真魅力。

那些人不愿意做真实的自己，其实是因为他们本质上不相信自己能成为一个值得被爱的人。

艾丽丝·米勒在《天才儿童的悲剧》中说：我们对自己的真实需要和情感视而不见。我们不知道自己是谁，自己的情感为何，自己需要什么，甚至作为成年人，我们还是屈从于那些在人生一开始就加在我们身上的期许。我们实现这些期许不是为了爱，而是为了爱的错觉。

那种不停往自己身上堆砌外物的人，其实无法面对自己的自卑。

要成为真实的自己，就要从接受真实的自己的一切，相信自己值得被爱开始。

只有这样，我们才有余力让别人也相信这一点，才能包容这个世界丑恶的一面，体谅别人的难处。

不要被某些世俗的范式和浅层次的标准束缚。

与那些通透的人相处，我们会感知到，她们身上最美的品质就是真实。在这样的前提下，她们才有了闪光点。而这种真实，是每个人都能感觉到的，也是永远无法骗人的。

一个人，光有光鲜的皮囊，没有真实的灵魂，很难获得持久的欣赏与真正的尊重。

我们应该深深明白的是，外在的东西越美丽，内里就越需要强大的自省能力与智慧支撑。

让我们从现在开始训练自己变得更真实、更通透，在不依赖标签的情况下，也能获得那种由内散发的自信。

　　只要我们有了能够承担真实的勇气，我们就一定会在前行

路上遇到我们想要的爱情。

让人真正戒不掉的，是生活中那些美好的细节

那些能在爱情的互动里，把每一个爱对方的习惯都打磨得细致美好的人，一定是克服了自己人性当中的鄙陋，真正付出过爱的人。

我在杂志上看到过一篇文章，男主角和女主角因为一些不可抗拒的原因分开后，各自独自生活了很多年。

中途女主角搬了好几次家，与男主角相关的一些东西也慢慢遗失了。

后来的某一天午后，她无意间打开一本书，在书的夹页中，看到了一张照片，上面是一件迎风摇摆的白衬衫。她仔细辨认，发现那张照片的背景竟然是她曾经住过的宿舍楼。

她不知道他是在什么时候拍下这个场景的，她的确曾经为他洗过一件白衬衫，没想到他竟然铭记于心，还把这个场景拍了下来。

她也不知道他是什么时候把这张照片夹在书里的，也许是想给她一个惊喜，后来却忘记了这件事。

这张照片让她忽然想起来，其实在他们交往的过程中，对方一直都是这样细心。他那时候非常喜欢摄影，喜欢用这样的方式记录彼此的爱情——只不过，那时她沉浸在自己即将毕业的焦虑里，忽视了这些日常细节。

当她在岁月里再次遇见这些旧痕迹，过去的一切美好突然如同一幅画卷一样，一帧一帧在眼前展开。

至此她才明白，原来这些美好的东西从来都没有从记忆中消逝过，只是她缺乏一个唤醒它们的契机罢了。

其实，生命中经历的那些美好的人和事，即使我们忘记了当时的场景，却始终都记得那些令我们印象深刻的细节。

如果人生注定要经历一些错位和别离，在美好被现实冷硬地撞碎后，我们因为这些留在记忆深处的细节，可以在冰冷的人生中找到慰藉，重新获取前进的动力。

我还看过另一个关于习惯的故事。

它是和考验有关的。

有个女孩子总是喜欢考验自己的男朋友。起因是她不太爱这个男生，总是觉得自己是勉为其难才答应对方的。因此，她在两个人的爱情里像个高高在上的公主，明明在下雨，还要对方出去给自己买早餐；明明是酷暑天气，还要对方出去给自己买雪糕。她过生日的时候，一定要按她要求的规矩举办生日典礼。一旦对方做得有一点不对，她就会生气。她把这些统称为对对方的"测试"。

她男朋友一直都很宠她，在她的这些考验里，每一次都尽量做到最好，甚至到了这个女孩的闺密都看不下去的地步。闺密告诉她，如果她继续这样下去，真正分手了，伤害的是自己。

这个女生并没有把闺密的话太放在心上，她觉得自己这样做并没有什么不妥，反正自己也不算太爱对方，分手了就分手吧。

这个男生坚持了两年后，耐心终于被女生的任性磨得一干二净。在他离开后，这个女生忽然发现，过度的宠爱已经让自己变得没有什么生活能力，似乎这个男生的影子已经渗透到她的每一个生活细节和习惯里。对方已经变成了爱情里她不能戒掉的瘾，他存在的时候，每一个细节都是爱的证明；他离开后，每一个细节都变成了伤感的回忆。

某一天，知乎上有一个人说：

有一段时间，我习惯了穿球鞋，因为工作关系，某一天必须穿高跟鞋。突然换了双高跟鞋，穿了一整天之后，发现自己脚痛得不行。原来一直不起眼的平底鞋，就像那些美好的习惯一样，舒适到让人没办法忽略。她说，那一刻她忽然明白了，为什么很多作家喜欢把爱情比喻成鞋子，因为高跟鞋的光鲜亮丽虽然可以给人生带来某些闪耀的时刻，但是与我们相伴最久的，令我们感觉到最舒适的，始终还是平底鞋。

因为它们太普通，所以它们常常被我们忽略，但是这种普通的美好，就像我们生活中的空气一样，是我们戒不掉也回避不了的那部分。

我有一个生活非常浪漫的女闺密，她每次给她老公写邮件的时候，都喜欢用"爱你如盐"这四个字，这几个字已经成为他们之间独有的暗号。她对生活有很多点石成金的奇思妙想，我抽了个时间问她，这四个字到底有什么与众不同的意义。

她笑着告诉我，其实，盐才是百味之王，如果菜之中没有盐，做出来的东西就会寡淡无味。爱你如盐，她这样说，是为了告诉对方，真正的爱是潜移默化的，不会对爱人的生活有过分的入侵感，它是生活中那些不经意的美好，隐藏在他的日常生活里。

有个作家曾经说过，生活是把所有的细节都摆平。就是这些琐碎到不能再琐碎的事，细致到不能再细致的习惯，最终构成了我们生活的全部。

有多少相爱的人，因为细节而感动呢？

那些细节，只要它们足够美好，就会渗入到对方的内心，成为对方戒不了的甜。

我们和家人经年累月地生活在一起，什么是爱，其实已经说不清楚。怎样才算是爱，对每个人而言，爱都有自己独特的性质和独特的表现形态，不能一概而论。但自己的快乐和幸福却是能感知到的，是温情还是冷酷，需要从每一天的相处、每一次的交谈、每一件小事的磨合之中细细体会。多年后回顾，我们能记住的美好，就是那些爱的细节。也是这样的一个个片段，组成了我们的人生故事。

有人曾经说过，最让人难以戒掉的爱情，就是你已经成为对方的人生习惯。当感情已经走过了热烈燃烧的阶段，却没有变成一堆灰烬，而是在平淡的表面下暗藏温度。

那些能在爱情里互动，把每一个爱对方的习惯都打磨得细致美好的人，一定是克服了自己人性当中的鄙陋，真正付出过爱的人。

这样的人，在分别之后，才会成为对方戒不掉的念想。与他们连接的回忆，都能牵动心底柔软的部分。所以当我们有一天回忆起来时，才会有这样猝不及防的忧伤。

最好的感情里，都有一种不为人知的"供需平衡"

每一种选择都在某种程度上意味着一种平衡，而选择戳破这种现实，也往往意味着这种平衡已经被打破。事实上，成年以后，我们无法强行逆转别人的选择、别人的行为，我们唯一能做的，竟是把控自己的心态。

只有那些无能的人，才会对外人好对家人横

真正的绅士和真正的淑女一样，必须骨子中没有自卑，
才能有一种坦然而从容的姿态。

有一年我在北京，某一个深夜，因为忘了带钥匙要去开身份证明，在派出所外面看到了一对年轻夫妇。

那名年轻的女子，不知道因为什么原因正在伤心流泪，而丈夫仍旧在一旁对其拳打脚踢。看到我过来时，那位丈夫先是愣了一下，然后冲我点了点头，礼貌地让我先行。

他截然不同的态度令我十分错愕。当时已经很晚了，但我开完身份证明离开派出所时，仍然听见他在外面对妻子大吵大闹。

后来某一天，在一次同学聚会上，我的某个男同学也用同样的态度当众对妻子呼来喝去，一会儿让她帮众人倒酒，一会儿让她帮众人盛饭。整个聚会上，他把妻子使唤得如同一个旋转的陀螺一样忙碌。

他的行为令我十分疑惑。

事实上，我认识他很久了，在同学的心目中，他是出了名的好人缘、热心肠，谁有事找他，他都会主动帮忙，这是我第一次看到他的另一面。

他让我想起了一个事业有成的男人。他的妻子为他付出良多，经常凌晨五点起床，为他打理琐碎的事务，准备白天需要用的各种东西，照顾他们的三个孩子。但是在他口中，却很少提及妻子对自己的奉献。

他对外面很多事业有成、光鲜亮丽的女人赞赏有加，唯独对自己的妻子只字不提。

每每别人问起他的妻子或者对他的妻子稍加赞赏时，他都会说，她不过是一个家庭主妇，每天带带孩子洗洗碗，没什么好称道的。

但是他并没有想过，这个"没有什么好称道的"女人，也是他自己选的。

和我那个同学一样，他在兄弟和哥们儿眼中，是个讲义气、有风度甚至小有成就的男人。

可惜，我的同学和这个男人并没有意识到，他们得到的这些赞誉，是建立在另一半为自己牺牲的基础上的。

这样的人，哪怕在别人眼中再成功，他们心中还是不会有真正的爱与尊重。

因为，从他们的逻辑出发，为他们付出的那个人，并没有什么了不起。甚至，他们对伴侣连最基本的尊重都没有。于他们而言，进入婚姻只是完成了一道手续罢了，这道手续完成之后，身边的女人就自动成了他们的私有财产，可以不需要再花费精力去了解，花费时间去关心，甚至连她们的付出也可以被自动忽略掉。

记得有人说过，再成功的男人，也别辜负了那个陪你一路走来的女人，更别在外人面前动辄贬损自己的妻子，看不起她，说她坏话。

因为，你对待妻子的态度，就昭示着你真正的品格和灵魂格局。

当你觉得一个女人不好，配不上你时，你大可以与之好聚好散，然后去追寻你自己应该得到的、理想中的对象，不要一边享用着别人提供的关怀、照顾和付出，一边又瞧不起她们。

真正温暖人心的爱里，首先就包含着一种尊重。

我们每个人都生来孤独，需要外界填补。

这种填补，就在日常的一饮一啄、一粥一饭里。

其实，大部分人之所以选择走进婚姻，不是为了给本来光鲜的人生锦上添花，而是为了在至暗时刻能有个慰藉。

懂得尊重别人、平视别人的人，才能触碰到自己内心的柔软之处，拥有领悟和看透情感的灵性。

他把自己的另一半贬得一钱不值，往往只能证明他自己的虚弱，无法抬高他的身价。

判断一个人是否有价值，标准不在于他有多少世俗的标签，而在于我们本身的品格。

一个朋友曾经对我说："你知道吗，有时候吵架不一定会分手，但是如果相爱的一方看不起另一方时，很有可能就会分手。"

不能理解、尊重糟糠之妻，需要追逐外在标签才能确定是否值得自己付出的人，归根到底是缺乏本质判断力的。

他们甚至无法理解自己的感觉，需要身份、地位的背书，才能确定这个人是否有被尊重的价值。

这样的人，其实骨子里就是自卑的。他们之所以看不起自己的另一半，之所以会否定自己的共同体，归根到底是因为他们从来都没有接纳真实的自己。

男人在外面维持形象，本是必要的，因为他们天性就需要更多地参与社会事务。

但这并不是他们否定妻子的理由。

相反，这种否定会令他们更加分裂。因为妻子从来都和他们是共同体。否定妻子，就是否定了他们的一部分。

那些不会因为自己有钱、有地位后就在妻子面前吆五喝六的男人，对妻子给予支持、信任和理解的男人，愿意全心全意地投入到平凡生活的男人，才是真正符合绅士精神内涵的。

真正的绅士和真正的淑女一样，必须骨子中没有自卑，才能有一种坦然而从容的姿态。

是的，两者的差别并非身份和地位，而是认知的区别。认知，是拉开人与人距离的根本因素。

当我们融入婚姻这份看起来庸俗又大众的感动，去试着接纳对方，理解这些世俗中的爱时，我们才能真正体悟到生活的余味。

最美的风景，就是当人历尽千帆之后，仍然愿意相信世俗的意义，相信生活和爱本身比一切更重要。

多少感情都毁于"我想要的，你却根本不当回事"

不能体悟到伴侣的需求，不能一点点磨合、一点点相互渗透，在风雨中同路前行，婚姻就失去了它的灵魂。

我在知乎上浏览了一个和离婚原因有关的帖子。

这个帖子下面有很多人诉苦。令我奇怪的是，越来越多的人，不是因为爱情的原因离的婚。

她是这么写的：老公是世界500强企业的一个高管，我们三年前结婚，一直没有孩子。他每天的工作就是不停地在世界各地穿梭，收发邮件，接待客户，安排工作，我们三个月只见了一次面，还是在巴黎的机场里。所以，我选择和老公离婚，因为离婚了我还有钱，而结婚时我的状态和没结婚差不多。

网友在下面留言，说她老公这样的优质青年，没有不良嗜好，勤奋上进，无非就是工作忙一点，为什么就不能原谅他暂时的忙碌，再给他一次机会呢？

那个原帖楼主回复道：并非是自己不给他机会，而是通过三年的陪伴，她明白了，她想要的，他根本就给不了。

她在下面解释了原因。他们现在已经有两套房，又给老人各买了一套房，如果只需要满足生活，他们的钱是充裕的。

但她丈夫渴望的东西，是金钱带来的优越感以及对资源进行调配的快乐。他在挣钱的过程中，缓解了自己的焦虑，满足了自己的掌控感。

所以，即使他现在不在这个公司上班，他也会想方设法地让自己跻身另外一家同类公司，而她永远也过不上她想过的普通生活。

她说，她在结婚前想象的家庭，是至少要有工作缓冲期，每周一家人至少要有一顿饭是坐在一起吃的。这种仪式是增进家庭关系，加深相互了解的契机。而现在的这种状态，一点也不像"家"的样子。

一部以扎克伯格为原型的电影里，有这样的一个场景：男主角创业成功后，想跟以前抛弃自己的女友分享自己的喜悦，甚至还带着一点炫耀的意味。

但是等他找到前女友时，却发现，她已经跟别人结了婚。

他告诉前女友自己的丰功伟绩，前女友没有半点兴趣，这令全世界羡慕的财富，并没有引起她内心的丝毫波澜，甚至还不如眼前的一点鸡毛蒜皮的小事有价值。

电影如实地拍出了那一幕。在这一刻，男主角的脸上现出了一点迷茫的表情，但是很快被成功的喜悦冲散，他为自己终于成功而狂喜。但是前女友在自己平淡的生活中，仍然享受着与世无争的幸福。

电影在后面给出来的答案是，对于追逐爱与平静家常的女人，他是不是亿万富翁，对她体悟到的幸福感而言，没有什么实质上的意义和改变。

是的，最好的情感，不是物质上的餍足。当基本生活能保障时，最大的情感障碍，其实是所予非所需。

这个时代，有太多人，都把家变成了搭伙过日子的场所。任务式结婚、按照既定程式前行，是这个时代大多数人的问题。

我们似乎已经完全变成了社会的螺丝钉，被欲望和社会标准绑架，可以完全不用真心。

我们似乎忘了，爱是需要经营的。

它需要有一种内心深处的期待、尊重和敬畏。

我不止一次听人说到，家无非就是一个睡觉的地方，其他没有什么太深刻的感觉。

晚上回到家睡个觉，第二天再起来上班。

越来越多的人呈现出对家的疲态。他们对家缺乏敬畏，缺乏真诚。

　　每个人都在渴望被别人关心，却吝于付出自己的真心。他们只希望自己被关注、被听到，但是不愿意给伴侣想要的部分。

　　他们对自己过度保护，封闭自己的内心，不敢接受任何亲密关系，缺乏完全交付出自己的勇气。

　　越是这样，他们就越在那种缺爱的社会关系里证明了人与人之间是冷漠的、无常的，缺乏信任基础的，而这样的认知，会慢慢变成亲密关系里的黑洞和无法解脱的死循环。

　　曾经有部日本纪录片，调查了很多对夫妻，发现他们虽然并没有离婚，但是各自过各自的生活，双方互不相干。

　　是的，谁说孤独只是失婚人才有。

　　有多少人明明身处婚姻之中，却不把对方的需求当回事，在婚姻里过着寂寞单身的生活。

　　就像小说《安娜·卡列尼娜》开头的那句话："幸福的婚姻都是相似的，不幸的婚姻各有各的不幸。"

　　那些不幸的婚姻，最大的特点就是：我想要的，你根本不当回事。夫妻双方之间已经被消耗得只剩下冰冷和陌路，即使没离婚，他们也在独自生活。

　　我想，或许这个时代的我们都应该去补课，我们都应该知道爱是一种刚需，是我们每个人都需要的，我们更要得到爱的能力和救赎。

我们每个人的身体和心灵都需要爱，都自带一种牵挂和依恋，我们只有学会正确地表达自我，接纳对方，才有资格在这种牵挂和依恋中组建一个家庭。

成年人的世界里，谁不是一边崩溃，一边铆足劲儿前行呢？

不能体悟到伴侣的需求，不能一点点磨合、一点点相互渗透，在风雨中同路前行，婚姻就失去了它的灵魂。这样的情感，不仅不是互相温暖，反而会是互相消耗。

有人说，不理解好莱坞电影里为什么总是牵强地把所有解决危机的东西解释为"爱"，我想，那是因为爱是我们每个人最后的去处和心灵获得救赎的唯一归途。一个人不管多坚强，都需要这样的情感来防止心灵的干涸。

不管是电影中还是生活里，懂得爱的人看起来都是傻傻的，因为他们能全身心地信任爱，能把别人的需求放在心上。他们能在每一场用心的交换中强化爱的意义，把家庭真正变成自己心灵的避风港。

一辈子很长，找个有趣的人在一起

一个善于给生活增加色彩，增加意外惊喜的伴侣，才能在往后单调的日子里让我们觉得有趣。

为什么你有车有房还是找不到对象？

刚看到有人回答这个问题的时候，我本以为会是一个教育人要有高情商的情场精英式说教，结果打开点击率最高的回答一看，却是一个人惨痛的经历。

男主角上大学的时候即是学生会主席，是一个非常能干的人，毕业之后顺理成章地留在了大城市，在职场里学了一些八面玲珑的手段，加上自己的长袖善舞和找客户的能力，很快就通过努力攒够了买房的首付。

在大城市买房之后，他觉得自己需要一个妻子。通过朋友介绍，他很快找到了门当户对的女朋友。双方谈了一年多，那个女生却坚决要跟他分手。

所有人都对这个结果感到费解，因为不管从哪方面看他都是一个条件优秀、上进的青年，两个人的故事明明是王子和公主的范本，却没有拥有童话结尾时那种幸福的结局。

网友们纷纷在故事下面猜测对方和他分手的原因，后来他自己出来解释，告诉大家对方嫌他没有情趣。

他说，分手时，对方说，他过的是社会要求下的标配人生，虽然"看起来很美"，但是没有一点真正的活力。

他喝酒，只是为了应酬；他吃饭，只是为了饱腹。甚至他陪女朋友逛街，也只是为了完成任务。

在这样程式化的人生里，你看不出他真正喜欢什么，对什么有热情，就连爱也是被计算好的，冷冰冰的没有什么温度——

用他女朋友的话来说，他只是一个被标配人生绑架的人，一切都只为目的，不需要过程。跟这样的人生活在一起，就像和一个设置了要过模范人生的AI在一起差不多。

我想，这样的感情，可能就是书中常说的那句关于情感的老话："如人饮水，冷暖自知。"

换成是我，应该也不会想和这样的人生活在一起——因为他只有生活的范式，没有生活的底色。

你不清楚他真正喜欢什么，会为什么动情，会为什么驻足。当他送你花的时候，是因为别人都在送；当他请你看电影的时候，是因为大家都在看。

用他前女友的话来说，对他而言，只要条件合适，选择A还是选择B，并没有太大的区别。只要对方能满足他对妻子的要求，他都可以试试。

因为他没有选择，所以他就没有任何独特性。

在他给的爱情里，你感觉不到自己是生活的主角，你只不过是一个条件合适的可替代品罢了。

在有生活底色的人生里，我们需要有取舍，有喜好，有期待，也有失控。我们需要为了一些东西而放弃另一些东西，更需要为某一个人的特殊性执着，才能算爱过、痛过。

曾经有一篇文章说过，为什么"作"的女人更讨人喜欢，因为她们的"作"在一定的范围内是有活力的标志，是喜欢一个人、在意一个人的体现。

爱情天然就具备独占性。

可以分手，但是不要在爱情进行的过程中，带着任务式心态。

那些早早就失掉生命活力的人，很难给伴侣幸福感和真正的满足感。

就像小时候，资源匮乏的父母会告诉我们，能给你吃饱穿暖就是最大的恩赐，不要过度要求我们的关心。

这样的说法，我们虽然能体谅，但是终究会有缺失感。

因为，追逐心灵的舒适度和爱情体验中的满足感，也是我们与生俱来的需求之一。

一个善于给生活增加色彩，增加意外惊喜的伴侣，才能在往后单调的日子里让我们觉得有趣。

而且，和有趣的灵魂在一起，我们的灵魂才不至于早早地枯萎，让往后的日子只剩下对前一日单调的重复。

后来，那个男士一直对这个帖子进行更新。这次恋爱的打击似乎让他明白了一些生活道理，他辞掉了工作，学了插花、茶艺、徒步旅行，过上了一种和原来完全不一样的生活。

在帖子的最后，他说，他终于明白了，原来，标配的人生并非不值得过，而是标配的人生始终只是外在的表现形式，热爱生活的每个细节才是生活的本质。

很早以前在一本书中看到过一个心理测试：有一个孩子问她妈妈，如果有三个男人同时追求你，一个每天给你送花，一个每天请你吃饭，一个什么也不做，只是偶尔下班接你回家，你会选择谁做爱人呢？

她妈妈答：选择爱人吗？那我选送花的那个。

孩子接着问：如果是这三点统一在一个人身上，但是你们已经结婚了，你希望他去掉哪一项？

妈妈想了想，选了不要送花。

孩子接着问：如果还要去掉一项，你希望是什么？

妈妈又想了想，删掉了请吃饭的选项。

孩子伤感地说：妈妈，你选择了第三个人。

当每个人都告诫我们要现实一点的时候，恰恰说明了活力和浪漫是一种多么稀缺的品质。

当我第一次看到这个故事时，我想到的是在面对生活时，我们每个人都必须现实。

当我成为别人的妻子几年后，再回头看这个故事时，我忽然觉得，我们的生活是那么干涩，我们似乎一直和那个帖子里的男士一样，用一种惯性活着。太多的书在教我们人生不要行差踏错，以至于我们都是为了活着而活着，习惯了在苛刻自我的干涩生活中才能感觉到某种踏实和安全。

其实，生活本没有固定的范式。爱情是一件私人化的事情，拥有那种能点燃别人、激活别人的伴侣，幸福感会高得多。

或许每个人的心底，都潜藏着我们自己都不知道但是渴望被别人解读出来的诗。我们能借情感的机会，触摸到暌违已久的浪漫，这使我们感觉到自己是在生活，而不仅仅是活着。

活力本身，就是对生活的提炼、对人生的提醒，是幸福感的来源。

很多人在感情中强调自己输给了现实，可是想一想，你们真的输给现实了吗？

不是的，是因为你们本来就太功利，用这样的姿态找到的伴侣，很大概率上，也带着世俗的标签，没有爱情真正该有的活力。

俗世中，那些在爱中自给自足的成年人，在努力赚钱之余，也在丰满自己的精神世界，尽量保藏自己爱的能力和生命的活力。

否则，换再多的伴侣，都弥补不了一个人灵魂深处的情感枯竭和人生遗憾。

真正把你放在心上的人，愿意"装"一辈子

那种为了另一半能"装"一辈子的人，内心一定有柔软的部分。他们更愿意看到和相信爱情中的美好，也更愿意给别人改过自新的机会。

有个独自在国外生活的女孩，她有一个很要好的闺密，她给过对方钱，送过对方化妆品，为对方买过衣服。这个闺密看起来也是一副人畜无害的样子，对她嘘寒问暖，总是在她需要安慰的时候及时出现。

因为在国外的生活太过寂寞，所以她开了一个微博，常常发一些自拍和心情物语。

因为她长得不错，很快就吸引了一些粉丝，渐渐也有了一些关注度，时不时就有人在微博下面赞美她不仅人长得漂亮、身材好，还会穿衣打扮，具备很强的时尚感。

当然，微博上关注她的人多了，也会听到一些不同的声音。她注意到，有一个新注册的小号，经常在微博下面用最刻薄、最恶毒的词汇损她。

这个小号似乎总能戳中她的痛点，即使隔着屏幕，那些语言也能让她浑身颤抖。

后来某一天，她在回国的时候，和闺密一起逛商场。中途闺密去洗手间，请她帮忙拿着衣服和手机。她看了一眼对方还没关闭的屏幕，忽然发现闺密的微博页面开着。

她无意中扫了一眼微博的注册名，发现正是经常在她的微博下面叫骂的那个小号。

她压抑着怒火当场扔下手机，转身离开了商场。

她后来说："我曾经把她当成最好的朋友，没想到她在内心深处这么恨我。我是因为被背叛、被欺骗，才会这样生气。如果她不是真正在人前装出和我很好的样子，我不会有这样的感觉。"

她的事情，让我想起了一部电影。

电影中的女主角是一个各方面都很不错的姑娘，但是因为一次意外，她有了别人的孩子。她的丈夫明明知道这件事，但还是选择性地忽视了。

他的家人不解，问他："既然这个女人已经背叛了你，为什么还要给她机会呢？"

他说："首先，这件事并不是她的错。其次，在做一个幸福的爸爸和制造一个破裂的家庭之间，你认为我会选什么？"

后来，他在明明知情的情况下，"装"了一辈子，直到后来离开人世也不曾说破这件事。

他觉得这件事影响不大吗？

不，在得知妻子被伤害的瞬间，他很痛苦，非常抓狂，甚至一度到了要发疯的地步。

他的痛苦对观众产生了冲击，他越是痛苦，说明他对妻子的感情越深，他的伪装越伟大。

事实上，我们的每一种选择，都是在心灵的天平上掂量过的。那些轻而易举就放弃或者伤害别人的人，很多并不是因为轻率，也不是由于冲动，而是因为在他们心里，这段感情本来就没有那么重要。

每一种选择都在某种程度上意味着一种平衡，而选择戳破这种现实，也往往意味着这种平衡已经被打破。

所以，真正在感情中选择"装"和"睁一只眼，闭一只眼"的人，一定是希望把关系维护得更持久、更稳定的那一方。

事实上，成年以后，我们无法强行逆转别人的选择、行为，我们唯一能做的，就是把控自己的心态。

那种愿意牺牲自我去"装"一辈子的人，都是在乎这份感情的。

他们可以为了自己所爱的人，不顾这个世界上的规范和他人的眼光，甚至违背自己一直认定的某些原则。

纵然人性中确实有自私、利己的一面，但是相对于失去一个人的痛苦来说，别的都是可以承受的。

我越来越意识到，在爱情里，很多时候与其说我们在解决情感问题，不如说我们是要打破囚住自己的各种牢笼。

我们每个人都有局限，所有的局限都是视野的局限、能力的局限。那些原则太多，太不容易原谅别人，不能真诚欣赏别人好处，渴望完美的人，对自己可能也很苛刻。

哪怕关系再好的夫妻，也是需要隐私，需要个人空间的。

每个人都不同，所有的不同到最后都是心态的不同、结果的不同。

那种为了另一半能"装"一辈子的人，内心一定有柔软的部分。他们更愿意看到和相信爱情中的美好，也更愿意给别人改过自新的机会。

像成年人那样承担责任，才能像成年人那样享受权利

只有懂得了成人世界爱情法则的人，才会呵护自己内心真正的基底，
在爱情中找到自己真正想要的那份稳定。

朋友和她老公离婚了。

我问她原因，她说，不过是一件小事。起因是她的婆婆来两人的小家做客时，带了一袋苹果。

晚上大家吃完饭，她拿出苹果来，正准备削皮时，婆婆说，这是有机水果，不用削皮。

她说，这个苹果要给宝宝吃，要削皮。

婆婆说，我们家里的水果没有打农药，不需要削皮。

就在两个人为苹果削不削皮争执时，她老公走过来说了一句话："我妈说不用削皮，就不削皮吧。"

她红了眼眶，站起来走进房内。

翌日，她坚决要和老公离婚。

离婚的原因是，在她每次跟婆婆争吵时，她老公一次也没有站在她身边过。她忍了很多次，这次，不过是压死骆驼的最后一根稻草罢了。

记得我第一次去前男友家里时，他妈妈虽然做了一桌子丰盛的饭菜，但是每道菜里的"精华"在我尚未伸手时，都被她抢先一步夹到了她儿子碗里。

后来某一天，我和前男友虚掩着门，凑在一起看电影，她突然走进来，阴阳怪气地说了一句："以前我儿子在家从来不关门，现在认识你了，学会关门了。"

后来，因为他妈妈的强势，我和他分手了。

在分手时他对我说，他还是个孩子，能不能再陪他多玩几年，等他找到合适的对象，我再离开他也不迟。

我冷笑了一声，说："既然你还是个孩子，就不要学成年人那样谈恋爱结婚了。"

记得我工作之后，有一个男同事谈的女友，每个月都要买化妆品、新衣服，只要她看上的，不管男友的经济能力如何，一定吵着闹着让他买。男同事原本认真想要和她结婚，遂把父母给他的买房款交给她，让她保管。结果那姑娘和他谈了一年后，攀上了一个更有钱的人，要和他分手。

他问姑娘，能不能把他父母给他买房的钱还给他，结果对

151

方只说了一句"花没了"就潇洒地转身离开，留下他一个人在原地欲哭无泪。

再问时，对方说："你就把我当个孩子吧。你还想怎样？"

很多人把"一辈子都是孩子"当成一种骄傲。

事实上，如果这种骄傲是出自儿童的话，那么这种骄傲也许可以理解。可是，很多人却以"我还是个孩子"作为挡箭牌，公然向另一半释放自己的贪婪和自私。

他们无法靠自己实现欲望，就只能打着"我是孩子"的幌子，在爱情中向另一半无限度索求，苛求别人能无限期地原谅自己的任性、自私和放纵。

其实，这不叫爱，而是自私。

真正的爱，是互相给予、互相体谅、互相包容。

它在两个成熟的人之中才能生发，才能稳定长久。

那些把自己当成孩子的人，享受了一个成年人在爱情里的权利，却没有担负起一个成年人在爱情里的责任。

而这两样，原本就是对等的。

越来越多的公众号信息和头条文章，在称颂一个人的美德时，总是会赞颂他对他人的贡献、对自我的克制。

我们宽容孩子的童真，是因为他们本来就是孩子，孩童的单纯里，没有掺杂成年人的狡诈。

那些真正天真得体的成年人葆有童真，是对这个世界的信任，而不是渴望一辈子生活在别人的羽翼下，享受别人给予的资源，不愿付出任何东西。

人品是一个人的基石和底色，真正的童真，是打磨锤炼自己的人品后的拒绝庸俗。这样的人才能拥有大智慧。

敬畏和尊重责任，看起来总是有些傻气，却包含着无限的人生哲理。

那些一直像孩子一样任性，从来不体谅别人的人，从来都没有真正正视过自己的责任。

但是他们忘了，这个世界总有一天也会忘了原谅他们。

在家庭关系里，双方以成年人的视角自我保护、自我约束是如此重要，因为自我约束里有一个成年人应该承担的责任。

从某种程度上说，家是一些曾经是陌生人，现在是亲人的人的集合体，我们在每一个社会群体中，都需要约束自己，遵守某些规则，守住某些底线。

只有像成年人一样敬畏爱情的社会规则的人，才能约束自己克服人性之中最恶的部分，不轻易暴露自己的卑劣和自私。也只有懂得了成人世界爱情法则的人，才会呵护自己内心真正的基底，在爱情中找到自己真正想要的稳定。

你活着的姿态，联动着你的幸福状态

人生原本就是一场修行。我们用什么样的姿态生活，认真还是散漫，也多多少少会影响身边的人的状态。

小敏和小游相识已经4年多，虽然大家总不看好他们，他们却一路风雨相随，终于成为恋人。不巧的是，小游在公司里训练新进员工时，遇见一个学妹。对方巧笑倩兮，热情活泼，娇媚可人地唤着"学长、学长"，竟把小游的心给唤活了。他忍不住雀跃，借见习之名，带学妹出差，寻觅美景与美食。

小敏得知此事后，终日以泪洗面，始终无法面对。在她发动所有的亲友去给小游施压之后，小游也觉得分外委屈，他说："不是我不想爱她，而是她实在太难爱。"

小游说，休闲之余，同事喊大家去唱歌，小敏说不去；节假日喊小敏去郊游，小敏说工作太累，没兴趣；周末喊小敏一起去打羽毛球，小敏说一堆家务没做，还有什么心情去打球，可是回家的时候，他发现小敏并没有做家务，而是一直宅在沙发里看电视。

他告诉七大姑八大姨，对他而言，小敏做不做家务并不重要，而是他觉得小敏已经没有一点活力。她的每一天都是一成不变的，似乎一眼都能看到今后所有的日子。

更重要的是，小敏拼命地想给家里省钱，不管他们要做什么，小敏的第一反应就是害怕浪费钱。他想请小敏吃个饭，小敏说，昨天的菜还没吃完呢，出去太浪费，不如省点钱吧；他想和小敏出去旅游，小敏说，你知道旅游的钱能干多少事吗？都老夫老妻了，还浪费这个钱干吗？他想给小敏买花，结果买回来就被小敏大骂。这样的事情多了，他也不愿意再和小敏有什么互动，因为反正每次互动最终都会是同样的结果。

他说，虽然小敏是一个非常实在的好姑娘，可是她现在几乎到了只为了活着而活着的状态。而他努力挣钱不是为了这样的目的，他希望生活能有乐趣。在这种缺乏仪式感的日子里，今天和昨天没有任何区别，甚至感觉不到时间的流逝。他说，小敏的生活只有最低配置，而仪式感才是他渴望的生活标配。像现在这样，她自己都没办法爱自己，又怎么能指望别人爱她呢？

这是一个标准的"好姑娘没人爱"的故事。

另一个是关于"好姑娘要爱自己"的故事。

朋友说的是一个善于打扮自己的妈妈——小莲的生活。小莲结婚之后还像小姑娘一样无忧无虑，四处旅游，对世界似乎充满了好奇。朋友把朋友圈点开给我们看，里面有小莲最近发布的几张自己在西湖烟雨中的照片。照片上的她看起来肌肤细腻，表情温柔，脸上看不到一点被生活压垮的戾气。

她在照片旁边配了一首诗，写的是自己目前的状态。下面很多同性朋友纷纷应和，看得出来，那些留言都是发自真心的赞美。

朋友告诉我们，她在工作上也是单位里的佼佼者，不管什么时候，她的办公桌上都插着鲜花，收拾得整整齐齐。

"和小姑娘一样，好像不会老似的！"朋友给了她一句评价。她什么时候都是笑眯眯的，一点怨气也没有。她和小敏家生活条件差不多，她却把日子过得这么精致，真是一个懂得爱自己的好女人啊。

我问朋友，小莲的生活是不是比小敏幸福？他说，那当然，家里老公、公婆简直把她宠成标准版的公主了。

是啊，这两个人都很普通，条件也差不多。由此可见，一个人把日子过成诗的程度，取决于其心灵浪漫的程度。从外面看，她们的婚姻状态、人生经历都没有什么大问题，可是现在却出现了两种截然不同的结果。

　　人生原本就是一场修行。我们用什么样的姿态生活，认真还是散漫，也多多少少会影响身边的人的状态。

　　一个爱自己，舍得打造自己的人，她的心中必然会少很多怨气，她释放给伴侣的感情，也必定会柔和许多。

　　这个世界的确是有99.9%的可能，能让一个人变成一个俗人。但是只要我们自己先活好了，就有制造浪漫的可能性。

　　我们大部分人，都和小敏一样，带着过去匮乏的基因，想着我们的人生凑合凑合也就过去了。

　　但是这样的生活方式，会沉淀下很多令我们不快的东西，因为我们在这样的方式里，无法学会怎么爱自己。

　　一个不爱自己的人，必定对生活充满怨气，有着不为人知的压抑。这样的怨气和压抑会使人的精神面貌变得苛刻，当然也就谈不上如何去爱别人了。

　　其实，小敏看似节约的状态，才是对生活真正的浪费；小莲爱自己的姿态，才是对情绪真正的节省。

　　我想，如果小敏能真正从生活中发掘一些乐趣，她就会对小游给她的惊喜有一种安之若素的姿态，不会成为焦虑的俘虏，进而安然地去体悟生活。

　　这就像多米诺骨牌一样，是一串连锁反应。

　　这个世界的很多好东西，得到时必须要有一种极大的浪费。

这里面还要有一些不那么现实、不那么功利的部分。

　　简而言之，相爱的人也要做一些看起来不那么"有用"的事情，可是就是这样的没有意义，构成了我们情感的附着、物质的消耗。我们在这种消耗中，找到了自己的安慰。

把"凑合"当正常，才是对幸福最大的亵渎

要学会接纳和等待自己真正的心意，就要学会拒绝那种不适合我们的凑合。

我很喜欢的一个作者说，他最常遇到的一个问题就是，很多人经常会拿着他写的文章问他：你为什么要分析这些？分析这些，对现实生活没有任何用处。

尤其是当他批判一些东西时，他们更会说：这些东西差不多就行了，你为什么要求那么多？

大家在无形之中，似乎已经把凑合看成一种常态了。

记得朋友被逼婚时，她妈妈同样说：你为什么那么挑？凑合着过就行了，婚姻没有你想象的那么神圣，几十年过下去后，你会发现，大家都一样。

朋友反问她妈妈："既然和谁结婚都一样，为什么您当初还要跟我爸爸离婚，为什么不继续凑合下去了？"

其实，随意处置生活中很多需要珍视的东西，似乎已经成

为这个时代的常态。

我一直都在想，为什么大家会这么看待感情？

人们在选择要在一起过一辈子的人时，态度却如此轻率。

细想下来，正是因为爱情在我们的婚姻中所占的比例太小了。

在过去很长的一段时间里，我们不敢轻易放纵自己去享乐，甚至把在婚姻中应该理直气壮地要求爱情这件事，变成了一种令我们惭愧，一种羞于启齿的过分要求。

就像《论语》中所阐释的"一箪食一瓢饮"，我们一度以为，贫乏才是君子的标准姿态。

这真的是一种误读。

颜回这样做，其实是因为他的超脱，他在知识中获得了一种旁人无法领悟的极大乐趣，自然而然地压缩了他在其他东西中体悟到的快感。

而我们却觉得，不需要爱情，只要凑合才是对的。这完全不是享受的姿态，而是一种完成任务式的想法。

我们太羞于表达情感，也太疏于索要情感了，所以我们才会觉得，大概在这个世界上，所有的亲密关系只要能得过且过，便睁一只眼闭一只眼，由它去吧。

我们忘了，缔结这种情感关系的人，是我们自己。

我们应该对自己感情的指向、未来负责任。

那些有爱的婚姻，都不一定能扛住未来的发展、时间的洗刷，更何况是凑合在一起的两个人？

有一部电视剧，名字叫"假如生活欺骗了你"。剧中，男主角因为攀上了高枝，放弃了自己青梅竹马的恋人，但他功成名就后，却发现婚后的自己并不幸福。而他曾经的恋人，则负气嫁给了一个对自己完全没有感情可言的男人。结果，婚后两人各种吵闹、郁闷痛苦，因为各种折磨，她年纪轻轻就身患绝症，临死时瞪着一双眼睛喊："我不甘心，我不甘心啊，这一生白活了！"

在我们的身边，这种为了结婚而结婚的人并不少，似乎每个人都有一万个理由：为了父母，为了世俗压力，为了某些利益……虽然并不十分情愿，虽然对对方没有感觉，却依然将就着领了结婚证，把自己划定在成为囚牢的围城，被判终身监禁。

记得知乎上曾经有个问题：你后悔和现在的老公/妻子结婚吗？

有很多人在下面说后悔，因为他们当时并不知道，和一个不爱的人这么长时间待在一起，是如此痛苦。很多人都说，如果他们当初就知道婚姻是这个样子，绝对不会选择结婚。

可是，这个世界开弓没有回头箭，把曾经凑合的婚姻强行解散，又会被新的议论伤害。

为了结婚而结婚虽然痛快，但只有走进婚姻才会知道，没有爱情的婚姻到底有多苦、有多累。

也许，我看到的这些人，还只是那些敢于直面自己不幸福婚姻的人。

更多的人，都是在婚姻的围城里且过且将就，对外还要佯装情深意浓，生怕被别人看出端倪。

其实，如果我们的余生全是这样的战火纷飞、冷若冰霜，或者毫无乐趣、过一天算一天，还不如一个人过。

有时，低质量的婚姻，真的不如高质量的单身。

人生就是一次次新陈代谢，有壮士断腕，才能有绝地逢生。

要学会接纳和等待自己真正的心意，就要学会拒绝那种不适合我们的凑合。

为了我们自己也好，为了对另一个人负责也好，宁可等待，也好过和不爱的人凑在一起互相折磨。

愿那些愿意为爱守候的人，能等到真正属于自己的另一半，拥有一份不将就的完整爱情。只有牵着挚爱之人的手走进婚姻的殿堂，我们才会有对婚姻的期待和憧憬，否则，完成这场仪式，对整个人生而言，毫无意义。

　　亲爱的，别着急，如果余生会遇见那个对的人，就算是晚一点，也没有关系。

Chapter 6

对的人都是磨合出来的

如果你真的决定要改变，也要建立在双方对等、彼此共同成长的基础上，你得把握自己的成长节奏，而不是按他的改造，做一个他理想中的提线木偶。

你的善意，是在细节上对待对方的态度和方式

人性本是善恶并存，正是因为我们能给别人提供爱和美好，我们才走到了今天的这种文明程度。

知道我在写情感类文章时，小J向我讲了她的故事。

小J和她的老公，大约是彼此生命中的孽缘。她老公大学毕业后，考上了公务员，算是捧上了铁饭碗。

小J的文化程度不高，一个人在小县城里做生意。

刚结婚时，小J对老公还是有感情的，但是两人的收入都不算高，生活压力大，慢慢有了一些摩擦。

双方吵架时，一开始还有些克制，到后面，语言越来越刻薄。

小J的老公骂她粗鲁没文化，小J则骂她老公是一个自以为是又尖酸刻薄的小男人。

这样的两个人凑在一起，吵架几乎变成了家常便饭。两人从结婚后，一直吵到近四十岁。而夫妻间，最可怕的就是，争

吵把两人磨得又恶又丑，彼此之间永远也没有和谈的可能性。

两年前，小J检查出患上了乳腺癌。其实，这种病是她长期累积的负面情绪的集中爆发，大约是压抑太久，因抑郁生病了。

就在小J生重病的时候，他们夫妻依然不停地为小事争吵。她老公恶毒时，甚至会说全身浮肿的她装病："你那么胖，会有什么病？"

今年，小J身上的癌细胞已经扩散，她知道自己在这个世间的日子不多了，非常渴望听她老公说一句温柔的话。吵了一辈子，折磨了一辈子，痛苦了一辈子，她想带着些许的温柔去另一个世界。

可是，她的老公还是冷冰冰的，恶言恶语，没有一丝一毫的柔情。

甚至，连人性中基本的怜悯之情也没有。

此时的小J和她丈夫，彼此心怀刻骨仇恨。本来，夫妻应该是此生最亲的人，但是他们过得连陌生人都不如。

小J后来说，如果让她重活一次，她宁可不结婚，也不会和这个充满了人性的恶、毫无情感可言的人生活在一起。她要找一个和自己相爱的人结婚，嫁给欣赏她、怜惜她的那个人。

好的关系，在地狱也像是天堂；坏的关系，哪怕置身天堂，心灵也还是在地狱。

当我们掉转枪口，面对我们最亲的人时，我们自己的心真的不会痛吗？

朋友住在美国时，某次和她老公吵架。本来她老公已经道歉了，她却一直不依不饶。后来她老公不小心，推了她一把，她刚好撞在一个柜子上，那柜子倒下来一下子打破了她的头。

她很生气，当场打电话叫来警察，做笔录，发誓不把他送进监狱不能解恨。

她老公被拘留了一段时间后，终于放回来了。而他回来的第一件事，就是要和自己的妻子离婚。

其实，仔细想想，在这件事里，到底谁受益了呢？

这两个人，因为不曾管理自己的情绪，无限释放自己的恶意，导致了最坏的结果。

婚姻本来应该成为滋养我们人生，为我们遮蔽风雨的场所，但到了最后，在这里却变成了诱发我们展示出最狰狞那一面的束缚和捆绑。

我见过很多喜欢走极端的人，在婚姻里，他们把自己的另一半当成异性敌人，不惜用最刻薄的语言、极端的手段来对付他们。

反而在面对外人时，他们还有一点陌生人之间的客气。

对这些人而言，婚姻存续的唯一价值，就是获得心理安慰，有一个和所有成年人看起来差不多的躯壳罢了。

人性本是善恶并存，正是因为我们能给别人提供爱和美好，我们才走到了今天这种文明程度。

诚然，我们离开了谁都能活得不错，但是既然恶到如此地步，早点放手，是不是对彼此更好呢？

"两性关系中的确有博弈的成分，先软下来的人就输了。绝不能在亲密关系中让步，否则就会永远被对方踩在脚下。"

我不知道这句话是谁最先说出来的，但活在这种境界的两个人，真的值得骄傲吗？难道，这不应该是可悲的吗？

一个正常人输掉感情，没什么大不了的，感情不是生活的全部。

认为在感情中赢不了，就成了人生的输家，这才是最可怕的观念。

我听过很多教人隐忍、教人进取、教人独立、教人强大的道理，但很多人混淆了人性中的恶和强大的关系。

强大，并不是把身边的人踩在脚下，而是敢于守护心中的美好。

人与人之间，不是清晰到只剩下一点透明的安慰。

好的婚姻进化应该以变得更好为标准，这个更好的自己是更懂得经营生活、享受生活的人，而不是两个个体的相互拆台。

好的婚姻中，人性应该是被舒适安放的。恶念不会频频出来伤人伤己，而是有一种不矫饰的纯粹，有一种完全信赖对方的开放。

就像歌词中唱的那样："不需要完美得可怕。我们都是凡俗中人，太完美的我找不到太完美的他来配，最后完美会成为我的负累。"一个人不那么能干，而是在对方面前暴露出自己的需求和缺陷，为被爱留下缝隙，建立起信任与亲密，而不是外强中干、色厉内荏。

当你需要对一个人用恶言恶语来表达自己时，你和他一定没有建立真正的同盟，达成真正的亲密关系。

真正理解人性的人，在与另一半的相处中，除了能理解对方的好，包容对方的弱点，还要守住自己的人性底线。

只有在根本上明白自己恶声恶气永远也得不到真正的安宁，反而会留下不可治愈的裂痕的人，才能守住自己的底线，也能守住人性的底线，永远也不会在对方面前露出自己最狰狞的一面。

不要善良过头，
才能在避免纵容他人的同时保护自己

有些善良，我们不能成全，因为你的成全非但换不来对方的感激，
反而会适得其反，更加纵容了他肆无忌惮的张狂。

珠珠姐是个白富美，她爱上了一个各方面条件都不如她的
男生。然而，比这更劲爆的是，男生不仅家境贫寒，而且父亲
早亡，母亲常年有病，还要供弟弟上大学。

她的选择毫无意外遭到了父母、朋友的强烈反对。可珠珠
姐并没有被他们的理论劝退，反而不顾一切地想跟这个男生在
一起。

朋友劝她不要太天真，就算她真的要选择和这个男生结婚，
也要保护好自己。爱一个人八分就好，别掏心掏肺地献出一切，
到头来却竹篮打水一场空。可珠珠姐却认为，爱一个人，就要
给他百分百的信任，死心塌地地对他好。

然而，理想太美好，现实太残忍。一开始和丈夫好得蜜里

调油的珠珠姐上周办完了离婚手续。提起前夫，那个原本善良单纯的珠珠姐气得咬牙切齿，说没想到一个人居然可以虚伪到人神共愤的地步。

刚结婚那几年，她为了伺候婆婆，照顾小叔子，拿出自己所有的积蓄买房子，把他们从小山村接到大城市。由于婆婆身体不好，丈夫也没有多少积蓄，她就去向娘家求助。父母不忍心看女儿受罪，只得拿出钱来。

之前没钱的时候，她丈夫都不上进，如今看珠珠姐的娘家拿出钱了，他更是一点也不想去找工作。珠珠姐无奈，天天生闷气，因此造成流产，影响了生育。后来为了有个孩子，让家人高兴，她咬牙忍受各种痛苦，打促排针，配合医生积极治疗。

她认为，只要对老公好，对他家人好，对他们的要求有求必应，就会得到自己想要的幸福。

在珠珠姐的催促下，她老公终于出去找工作了。大概是衔着一股对珠珠姐的恨意，她老公在稍微有了点地位后，对珠珠姐的态度变得时好时坏。而珠珠姐却自我安慰是因为老公工作压力大，在他屡次恶言相向时仍然选择了软弱示好。

后来，珠珠姐的老公居然搞起外遇，还让对方怀孕。最可笑的是珠珠姐那个婆婆，听说对方怀的是男孩，居然觍着脸出面帮她儿子劝珠珠姐接受老公婚外恋的孩子，还起了将珠珠姐娘家陪嫁的房子过户到孩子名下的心思。

为人善良没错，但善良过头就是软弱。对于这样伤害自己的人，珠珠姐最终忍无可忍，选择了离婚。

相信任何一个人听完珠珠姐的经历都会愤慨不已。可细思，造成这样的结局，其实她自己也有不可推卸的责任。

善良是幸福的前提没错，但太过天真就会伤人害己。因为你的纵容，助长了他嚣张的气焰，让他以爱的名义，一次次地提出更加荒诞无理的要求，以至于到最后伤人害己。

所以，如果在一开始，珠珠姐勇敢地拒绝了丈夫的某些无理要求，那么接下来的事情就可以顺理成章地避免了。成全别人委屈自己，那不是善良，而是软弱。因此，你的善良必须有点锋芒。

诚然，善良是一个人的美德。但你的善良，有时也会成为别人欺负你的依仗。大部分恶人并不是一开始就坏得如此肆无忌惮。柿子总是挑软的捏，这句话对大多数人都适用。

公交车上，找人让座往往都是挑学生下手。为什么？正是仗着学生们更加善良，更好说话。所以，在有些人的潜意识里，善良就意味着软弱可欺、好说话、没脾气。所以，即使有人提出的要求有一点点过分，他们也会因为怕被谴责，而忍气吞声地退让了。

在婚姻里，同样如此。

有位朋友，第一次到男朋友家做客，没有主动洗碗，而是礼貌地把餐具收到厨房。她说，第一次不能太主动，会让未来婆婆觉得你好说话。

尤其是那些主动提出让你洗碗的婆婆，你更要礼貌地拒绝，要让她感到你不是一个容易妥协的人，这样才会避免对方在你婚后提出很多无理要求。

所以，珠珠姐的最大失败就是在她丈夫第一次提出无理要求时，她没有果断回绝，没有坚持原则，而是一味地大包大揽，没有有所选择地尽力而为。

在这种情况下，往往不如及时止损。有些错一旦犯下而没有付出代价，有些人就认为犯错成本太低，为以后更多次的犯错埋下伏笔。

以德报怨，何以报德？那些心怀叵测的人，就是被这种毫无原则的善举圈养出来的。就是因为你无原则的妥协，他们才会在你软弱退让毫无招架的丢盔弃甲中，一次次刷新底线。

心存善意，并不意味着一定能途遇天使。

有些善良，我们不能表达。因为，你的成全非但换不来对方的感激，反而更加纵容了他肆无忌惮的张狂。

当然，善良也不是原罪。

只是善良不是义务，也要有选择地表达。对于那些真正意识到自己的错误，并愿意改正的人，我们要及时回应，而不是好坏不分，做一个忍气吞声的老好人。

相反，对那些毫无悔改之心的人，我们应该当头棒喝，果断出击。因为你的忍气吞声、抑制自我，很可能换来的是无休止的精神折磨和对方的变本加厉。

一个善良的妻子多次原谅出轨的丈夫，那么不管她抱着多大的希望，期待他能改邪归正，其实都是对他有意的放纵。因为在不断的放纵下一个人的羞耻心会越来越弱。

幸福的理由何其相似，而不幸的原因则各有不同。

如果一方的幸福完全碾压对方的需求，那么不对等的较量最终会导致天平猝不及防地倾倒。你所谓的幸福，也不过是一纸空谈。

很多感情的消亡，就是因为我们在该狠下心的时候往往下不了狠心，才会在不该收场的时候，上演了无法收拾的烂尾狗血戏码。

当你觉得轻松时，
是因为有人承担了你的那份痛苦

只有当我们不觉得伴侣的"懂事"是理所当然时，我们才真正学会了设身处地地为别人着想。

　　我的同学中有一对"模范夫妻"，他们大学毕业后就结婚了。这十多年，两人一直两地分居，偶尔见个面，有一种久别胜新婚的情调。两人努力了十年，最近终于在一个城市会合了。没想到在一起相处了一段时间后，夫妻关系却亮起了红灯。

　　她老公背着她，偷偷在同学群里和几个哥们儿私聊，说以前并没有发现妻子那么强势，现在看来，她简直比他妈妈还要啰唆，她在公司是高管，回到家里更是"女训导主任"，似乎什么地方都看不惯，家具、日用品，甚至毛巾的挂法，都要按照她的标准来，绝对不能有丝毫差错。

　　日常那些大大小小的事情，就更不用说了。

　　平时家里买东西，都是妻子做主，基本上他没有什么插嘴的余地。她偶尔询问他的意见，也像是上司在安排工作，不容丝毫置喙。

两人在外面买东西吃了亏，妻子挽起袖子就和别人吵架，一点也不像自己记忆中那个收拾妥帖、优雅得体的女人。

更郁闷的是，他在自己以前所在的城市，想出去玩，撒个小谎就行，现在出去都要向妻子报备，而有时候自己在外面喝酒应酬，回来的时候妻子还在工作，一句嘘寒问暖的话都没有。

幸而我们都认识他妻子，知道她的不容易。她是汽车行业的外企高管，薪资很高，当初在北京买房，80%的钱都是她出的。

因为她一个人负担了儿子的学费，所以她日常的工作压力特别大。

他从事的是事业单位里的文职工作，虽然收入不高，但胜在工作清闲，精神压力比较小。

其实两个大人还好，主要是他们的儿子在国外留学，如果他妻子不继续在职场上厮杀，很有可能他儿子就要中断学业。因为有这样的压力，工作再累她也不敢休息，一天24小时开机，工作上的事情几乎是随传随到。

她人近中年，露出疲态，每每向他求助时，他却轻描淡写地说："你心态不好，自己调整几天就过来了。"

有一次他在同学聚会时也这样说，另一个女同学看不过去，说了一句："职场上的中年女人倒是想心态好，但是睁开眼睛每天都要吃喝花销，你又不想办法，她能有什么心思去调整？"

他随口岔开了话题。

当然，妻子并不是对他没有意见，但每当妻子说他不为家庭操心时，他总说自己没办法，工作固定了，已经混了这么多年，辞职不划算，又好不容易才到一个城市，实在是没有办法可想，让她自己看着办。

经过这么多年的分居生活，妻子已经习惯了自己的事情自己做，但是两人在一起后，这又成了他挑刺的地方——凡事独断专行，没见过哪个女人像她这样的。

其实，这是这个时代很多婚姻中人的通病。我就听我的一个朋友说过，我又能赚钱、养家，又能貌美如花，还要你这个男人干什么？

似乎婚姻已经失去了它的基础功能，两个人明明生活在一起，却各过各的，还不如远离彼此，各自生活在想象空间里时尚留有那份怀念，幻想着对方美好的感觉。

我有一个朋友，她的男朋友一直在她和另一个女性中间摇摆，后来终于选择了另外那个姑娘，他给出的理由是：她看起来更柔弱，更需要他照顾。

女友脾气火爆，十分独立，很少表露出女性的柔情，但我却完全能够理解她。

她从小就是家中最大的孩子，要照顾弟弟，她在她父母口中听到最多的话就是：你要懂事，要让着弟弟。

这种听话懂事的要求，对于一个半大的孩子而言，其实非常扎心。

因为她习惯了扮演承受更多的那个人，所以她长大后，依旧是一个好强独立的姑娘，有什么事都自己扛，不到万不得已的时候，绝对不会向别人求助。

你以为她这是好强，其实她只不过是一直承担了和年龄、性别不相称的压力罢了。

毕业之后，她每天忙得脚不沾地，一个人打两份工，既要供弟弟念书，还要给家里寄钱，同时，还有她这个年龄段女孩子所渴望的那种浪漫。

男朋友和她分手后，她连难过的时间也没有，因为她要挣够生活费，才有资格轻松片刻。听说她男朋友嫌她脾气不好、性格不温柔时，我却很难过。

要知道，在这个世界上，有的人是没有资格撒娇的。因为没有人愿意保护她们，也没有人愿意心疼她们。她们把所有的事情都扛在自己肩膀上后，男人却怪她们太强势、不够温柔。

事实上，正如王菲唱的那样，这个世界上，没有哪个女人愿意变得面目狰狞、歇斯底里，这么多年她习惯了孤独而坚强地活着，是因为肩负着太多太多。

很早以前我就听过，原来，一个人太坚强有时也会成为一种错。因为别人会习惯性地把她当成万能的、不怕受伤的，会忽视她的感受，以为她什么都能够做好。

别把女人的懂事，看成是理所当然的。她担负了你应该担负的那份责任，所以才会如此强悍。

有很多人，在结婚后，看见为生活辛劳付出的女人慢慢变得坚硬冷酷，在有一点不对的时候，就会怪她们不像当初那样温柔。

其实他们不知道的是，有时候，不是女人不想温柔，而是因为女人活得太累，承担了家庭的太多责任。她们做事业也不对，照顾家庭也不对。但是男人们并不知道，女人再有韧性，也不是超人。

因为生活太过残酷，她们才不得不变强，用严阵以待的姿态，应对尘世的风霜。

温柔不仅是一种性格，更是一种幸福后的奢侈。

男人如果想让自己的爱人变得温柔，就别让女人那么累，又要照顾家庭，又要顶住压力。只有这样，她们才能回归自己的本性，体悟到生活中的温柔。

在成年人的世界里，没有谁是容易的。当你觉得轻松时，是因为有人承担了你的那份痛苦。

只有当我们不觉得伴侣的"懂事"是理所当然时，我们才真正学会了设身处地地为别人着想。

你给我的就是我想要的，是最好的感情状态

最好的爱，是明白所予与所需的智慧。

十年前，大学毕业时，一个学姐立志要自己创业，并为此做了很多准备。

当然，中间她也失败过，后来她终于找到了方向，赚了一笔在当时的我看来堪称巨额的钱。

令人奇怪的是，那个和她谈了十几年恋爱，后来又变成了她丈夫的男人在她失败的时候并没有离开她，反而在她成功之后，突然提出了离婚。

当时她老公这个离婚的要求对她而言无异于晴天霹雳，因为十几年的婚姻，足够把一个人完全变成另外一个人。

但是她老公很平静，他说，这么多年已经习惯了一个人过。学姐在事业越做越大，已经越来越少把目光投注在他身上，也越来越少和他交流感情。

与其这样，倒不如放她走，让她更自由地过自己的生活，

这对两个人都好。

其实，一段感情的失败，有时候真的和钱没有直接关系，而是和两个人在情感中的供需平衡有关。

财富的增益，在达到一定程度后，并不能让两个人的生活质量变得更高。

反而两人曾经的情感上的某种微妙的供需平衡，会在这种累积和叠加的过程中被打破。当我们对另一半的需求度越来越低，甚至到可有可无的程度时，婚姻存续的基础也就没有了。

很多时候，感情变坏，就是从两个人的相互需要慢慢消逝开始的。

比如，我有个读到博士后的女朋友，她本质上是一个没有什么太大野心的女人。在学校那种安逸的环境里，她觉得非常舒适。毕业之后，她并没有去参与事业上的竞争，因为她的理想是相夫教子，做个全职主妇，她觉得那是最幸福的一件事。

所以，她找了一个离家近的工作，也不愿意报这个学习班那个学习班，上班两年了还拿基础工资。大家都说她白读了那么多书，她却笑而不语，过后仍然我行我素。

她老公虽然并不赞成，但也没勉强她提升职业技能，参与职场竞争，为家庭分忧。

一次，两人因为电视剧中某个历史常识争吵时，她老公很生气，骂她："亏你还是个博士，这么不求上进，连最基础的知识都不知道。"这句伤人的话令她很悲伤，她这才发现自己已经原地踏步太久了，早就跟不上老公的脚步。

而她当初嫁给他的时候，两人明明相谈甚欢。

其实，夫妻关系走到这个地步，即使尚未分崩离析，也值得我们警觉，如果一方落后另一方太久，两人说什么都是鸡同鸭讲，那是一件很危险的事情。

当夫妻缔结成一个共同体时，他们之间就应该有互相提醒和督促成长的义务，如此才能携手并进。

每个人都有自己的性格和生活方式，可当我们选择进入婚姻时，我们就应该学会彼此尊重，彼此体谅，为对方分担一些痛苦，承担属于自己的那部分责任。

如果一个女人只想安于做一个小妇人，当个家庭主妇，她最好的方法就是找一个需要家庭主妇的对象，而不应该强行让另一半为自己的需求埋单。

的确，不是所有的女人都应该成为女强人，错的不是她想做家庭主妇的梦想，而是她自己不能完全为自己的梦想埋单。她享受了老公提供的一部分安逸和舒适，却完全不去考虑对方对自己的潜在需求。

而网上的另一个故事，恰恰就是他们的反面。

有位事业有成的男士，每次在媒体采访他时他都会说，他有今天的成就，是因为太太放弃了自己的事业，牺牲了自己的梦想，把家庭照顾得井井有条。

正是有了妻子默默的付出，所以无论什么时候回到家，他都能有身心愉悦的放松感和舒适感。

他很感谢他的妻子，他付出的不过是劳动力，而妻子付出的是爱心。

我不止一次看到各路公众号发文称赞这个男人，他们说，如果天底下的男人都像他，那女人的幸福感就会提升很多，也不会有那么多人觉得全职太太是一个危险职业了。

当然，这个男人的确是个好男人，但更重要的是，他赚钱虽然很累，但是来钱又多又快，多到他已经几辈子都花不完了。他正需要这样一个温柔贤淑的妻子，所以他才会对妻子赞不绝口。

他们之间，一方所予恰为另一方所需，因此才会这样愉悦和谐。

这世界上大多数人眼中的好爱情，大概也是如此，分工明确，相互支撑，相互欣赏，彼此都有爱心和耐心，共同支撑着一个家。

但是，这种所予所求上的平衡，恰恰是最难的。

这个世界上大部分走不下去的爱情，都毁于"我想要的，你却根本不在意"。

所有美满的情感关系，就是保持一种需求和付出的长期平衡，夫妻双方都能看到彼此的不容易，也认同和体谅对方的付出。

所以，恋爱中的双方都认为对方不适合自己，并没有什么对错可言。女人可以嫌弃男人不会赚钱，男人也同样可以嫌弃女人不够贤惠。

女人喜欢找个轻松的工作，一辈子都做公司小职员，并不是什么大错。如果她恰好拥有这种幸运，找到一个能欣赏自己的丈夫，一样可以幸福美满。

很多情感大V都喜欢说，最好的感情是两个人势均力敌。

其实，真正的势均力敌不是两个人都霸气外漏，而是彼此需求契合，精神投契。人在情感中的价值不完全靠外在的成就来体现，而要看伴侣需要的，你能不能提供。

或许，你曾经可以给予，现在不行，这也是一种失衡。

这就好比两人并肩同行，保持同样的步调，一个人不会走得太远，一个人也不会落后太多。

在情感中，这是最难的。

最高级的供需，就是既相互独立，又相互依存。

独立是有用的，尤其是当我们面对挫折时，一个人的独立精神，可以将他从痛苦中拯救出来。但是，仅仅有独立是不够的，婚姻之中，应该学会合作，学会依赖，学会如何平衡自己的需求。

双方步调一致，互相提携，建立交集。

要记得，最好的爱，是明白所予与所需的智慧。

没有突如其来的分手，只有一次次的失望叠加

人心都是肉长的，一次跌倒，可能不会摔太疼，但如果伤害的次数太多了，
终究还是会留下划痕。

某一天下雨，一个姑娘在图书馆看书。图书馆关门的时候，
她才发现自己没带伞。

她给男朋友发微信，结果男朋友说："我很忙，别那么娇气
了，打个车不就回来了吗？"

等回到两人租住的屋子时，她发现，男朋友并没有什么重
要的事情要做，他所谓的很忙，不过就是在电脑前打游戏。

她赌气不理他，对方却一副理所当然的样子，说："你不也
好好地回来了吗？一点小事，也值得你大动干戈？"

当然，后来男朋友也哄她了，但是类似的事情却不止一件。

最后一次，是她年后独自一人拖着一个大大的行李箱从老
家回两人所在的城市。她给他打电话，让他来帮忙拿一下东西。
她左等右等也没有见到他，忍不住打电话催他，他说："我打完

这盘游戏就动身。"

那一刻，她毫不犹豫地把男朋友拉黑了。

后来她说，其实前男友平时对自己也还算不错，也算上进，日常也并没有什么大错。

但是，她对他那些琐碎的失望，实在是太多了，所以才会毅然决然地选择和他分手。

为了排解这种惆怅和失落，她在事后也反复问过自己："到底是不是我太玻璃心了，才会这么计较这些小事？"

其实我能够理解她。

这个世界上，所有突如其来的分手，都"非一日之寒"。

人心都是肉长的，一次跌倒，可能不会摔太疼，但伤害的次数太多了，终究还是会留下划痕。

朋友和老公吵架，气得要离婚。

我问她是什么事，她有点不好意思，说"其实不值一提。"

事情本身真的不大，起因是她老公之前答应等她生日那天陪她去游乐场。

他说："陪你找回童年的感觉。"因为朋友和他抱怨过，自己小时候爸妈工作忙，答应陪她去公园，又总是食言，搞得她非常伤心，哭了一次又一次。

她满心欢喜地等着这一天，给自己买了新衣服、帽子、鞋，还在朋友圈广而告之，一切准备就绪，就等着生日的到来了。

生日前几天她老公出差了，但他信誓旦旦地说自己能赶回来，"你等着我给你惊喜吧。"

生日当天她等了小半天都没见到老公的身影，忍不住打了个电话，没想到她老公只轻描淡写地说了一句："哦，我忘了，我今天回不去了，改天我再带你去。"

当时她就感觉到胸中有一股小火苗燃烧起来，直冲大脑，"做不到就不要答应我，我最恨别人说话不算话！"她冲着电话大吼，哭得眼泪鼻涕齐下。

等她老公出差回来，他们又吵了一架，因为她老公不觉得自己犯了多大的错。他觉得自己平时对她挺好的，就忘了这一次有什么不能宽容的。

从理性上来说，她也不是要全部否定他，但从感性上来说，她真的很痛恨这种被忽视的感觉。她好像又回到了童年，当时她对父母的失望，再次淹没了她。

我当然要劝她不要想得那么极端，可是我心里知道，如果换成我，我也无法保持淡定，我曾经最不喜欢的也是这种一脚踩空的感觉。

记得小时候，学校开运动会，我前一天晚上兴奋得没有睡好。第二天下雨了，学校宣布运动会取消，我还哭了鼻子。

不为别的，就为自己那些美滋滋的幻想和憧憬落了空。

幸福不在于得到多少，而在于有没有得到自己认为应该得到的。

想要的没得到，给了别的也很难开心。

当我们习惯了为自己所拥有的设定一个标准，会很难接受改变，但世界上的事情哪有定数，变化随时可能发生。我们在做一件事之前，首先要将风险值考虑进去，设定一个弹性的预期空间，这样可以最大限度地避免失望。

每个人处理问题的方式不同，如果总是用自己的习惯或者想象约束别人的行为，会让很多事情变得不可控，甚至会破坏人际关系。

一瓶水洒了，悲观主义者说"怎么只剩半瓶了"，乐观主义者却看到"居然还有半瓶"。乐观的人总是能够被积极的东西所鼓舞，而悲观的人都是被自己的消极打败，这就导致了乐观的人和悲观的人好似生活在不同的世界中。

但愿我们都可以经得起失望，受得了挫折，见得了好，也承受得起坏。

那些不遗余力改造你的人，根本不懂爱你

如果你不幸遇到了一个这样的人，那就告诉他，要喜欢就喜欢你本来的样子，你已经足够好了。

正在谈恋爱的妹妹打电话向我求助。

她说："我和我男友相差十岁，我今年二十八岁，他三十八岁，年龄上也不是完全不匹配，但我俩中间仿佛有一道鸿沟。"

她的男朋友在一家大公司做营销经理，业务能力很强，而妹妹暂时没有找到工作，在家做家务。

男朋友把自己的父母接来了，几个人住在租的房子里，感觉就像提前进入了婚后生活。

本来她男朋友的父母来这里之前，男朋友对她就像一个长辈似的，他一直认为我妹妹高攀了他，对我妹妹各方面的表现都不太满意。而当我妹妹以同样的方式要求男朋友时，他却说："如果你真的懂我，就应该知道如何用你的魅力改变我。"

这似乎是一句无懈可击的话。

妹妹说，每次听到她男朋友这么说，她都想反驳。但是只要她流露一点不满，男朋友就说她太强势，要和她分手，搞得她常常自我怀疑，像分裂似的，甚至有时候都没有自我了。

而当妹妹情绪低落时，男朋友又会说："你要自信点儿，自己主宰自己的人生。你还这么年轻，要学会向上奋斗。"

妹妹倾诉完，忍不住问我："我该怎么主宰，怎么奋斗呢？他劝我不要出去找工作，在家把他的父母照顾好。我没有收入，他生活又很节俭，每个月给我的生活费只够三个人的基本生活开销。

"而当我一有这方面的想法，他就说，你要做大气的女人。但我想不通，在这样的情况下，我该如何做一个大气的女人？

"他带我去KTV、酒吧，我说我不喜欢。他说：'你要学会适应。我现在是带你去看世间繁华，体验生活，不要老待在你的小圈子，不要老说不喜欢、不愿意。'

"但是一有问题，他又各种怀疑，怀疑我是不是要背叛他了。"

妹妹的讲述停止了，留下了沉思的我。

这个男人的想法和做法很典型。

他要的并不是一个可以和自己共担风雨的女朋友，他要的是一个听话的女机器人、女下属，她不能有自己的思想和意愿。

有一点是可以肯定的，他并不懂得欣赏这个姑娘，这个姑娘身上的优点对他没有意义，他只想要这个姑娘按照他的思路变成一个千面人。

这样的爱太煎熬，因为它始终浮在云端上，从来都没有深入到真正的柴米油盐当中去。

当一个人向你推销自己的价值观，"你看，风情一点多好啊，大气一点多好啊，自信一点多好啊。你需要做一个现代女性，这样才能跟上时代的发展"云云，然后贬损你本来的样子，"你真没自信，不懂主宰自己的命运"。其实，这不过是洗脑的借口而已，你真主宰一下试试，他肯定又不满意了。

他不是真的想要爱情。这些要求，都是打着提点你的名义，要求你按他的想法改变。因为他天然就认为自己比你高明，你不过是他心血来潮时呼应他需求的宠物。

你真正的想法和需求，他根本不在意。

爱情，可能会有很多种表现形式，但是，男女双方投入爱情的最低要求，是喜欢和赏识。一个总是贬低你，希望你改变的人，不是不够爱你，就是不懂如何爱你。

很多女人在刚开始的时候，对待爱情特别糊涂，不知道到底什么才算爱。她们常常会被男人的小恩小惠蒙蔽，却对男人的控制欲视而不见。这些男人，常常打着爱的旗号，行控制之实，还美其名曰"为你好"。

当然，这么做的不仅是男人，还有女人。也有女人对男人提各种各样无理的要求，"你怎么总是这么不上进""你干什么都干不好""你看那个谁，你为什么比不上人家"，云云。在这样的交往里，没有鼓励，没有包容，只剩下不满和抱怨。她们从来都没有真正深入实地，她们喜欢的，是想象中的那个完美形象，不是生活中的伴侣。

和控制欲、改造欲过强的人在一起的最大危险就是，你可能会获得暂时的甜头，比如你只要听话，对方就会给你一点甜头，但长此以往，那些得不到鼓励和支持的人，会逐渐感到不适，感到压抑，希望逃离他们。

他们之间没有爱吗？

大约也是有的，大约也是期待的。

只不过，这种爱败给了天长日久的消磨。

在本应该发现自我、自由成长的时候，你遇到了一个强势的伴侣，他想要控制和改造你的人生，你的个性一定会遭到压制和折损。

你甚至很有可能在按照对方的所谓替你着想的标准行事时，慢慢地变得更加无所适从，更不知道该怎么办，而且很有可能，会失掉最初的活力和对世界的好奇心。

姑娘，你要相信，一个不能让你觉得自己可以变得更好的人，不值得你投入心力去爱。

好的感情是有舒适度的。

谁都不愿意自己身边站着一个不停抱怨自己，觉得自己永远也无法达到他要求的人。人生本来就已经如此残酷，爱情应该给我们一点温暖，而不是风霜刀剑的压力。

如果你不幸遇到了一个这样的人，那就告诉他，要喜欢就喜欢你本来的样子，你已经足够好了。

如果你真的决定要改变，也要建立在双方对等、彼此共同成长的基础上，你得把握自己的成长节奏，而不是按他的改造，做一个他理想中的提线木偶。

既然已经分手，何需别人对你特别优待

总要把我们的心清空，才能有新的人走进来。我们可以难过，但是不要一直在其中纠缠。

在闺密家做客，听见她妹妹哭诉："分手的时候他说，以后还是会关心我，我有什么事情还是可以找他的，他永远都会帮助我。可是我昨天找他时，他却说自己有了女友，不方便再和我联系。难道男人都是这么说话不算话，这么绝情吗？"

抬眼望去，我看到一张年轻的脸庞，撇着嘴，眼中带着泪。

"我们还是朋友，有什么事你还可以找我。"

分手时的好人卡，一脸诚恳，对方便信以为真。

被分手的那一方并没有想过，既然已经要分手了，或许这只不过是脱身的借口。也许，有的人只是因为听到这句话，就可以降低分手的痛苦了。

但你有没有想过，既然他已经从你的生命中离开了，迟早也会渐行渐远的，多痛一分，少痛一分，又有什么分别呢？

对这些话，傻子才会信以为真。

有人凭着恋爱时遗留的惯性去找曾经的恋人，期待在他那里还能享受爱的特权，所以才会遇到什么困难就真的去找他，以为他还会习惯性地包容你、帮助你。

当你终于发现别人不耐烦了，挑明了自己有新的女友，要你不要再去找他，你才知道这种直白里面，带有一种明白的拒绝。

这种拒绝，让人发现，原来只是你一个人还抱着幻想。

为什么总说分手之后要绝情？

因为这样藕断丝连的纠缠，会让人第二次体会到分手的痛苦。

如果你们真的有情，当初何苦分手？

如果你们无情，又何必怪他不高看你一眼呢？

最天真的就是，你不应该把一个人脱身的借口当成牢不可破的誓言。

的确，分手是一件很不愉快的事情。而有些人在主动提分手时，为了降低分离的痛苦和不安，也为了某种面子上的好聚好散，会把"以后你有什么事我还是会帮忙的"这种话，当作分手的礼物送给对方，给别人一点心理安慰。

但是誓言在说的时候才是真的，那时可能真的是有诚意的。但心愿抵不过现实，每个人的生活都在继续，当一个人从自己的生活中离开后，帮她做事，也成了一种负累和对自己生活的打扰。

其实，不是旧情人绝情。

反过来，换成女人也一样。这样的保证，无论多么真诚，都会在彼此渐行渐远之后变得虚弱无力，无法执行，就像一首歌唱的那样："你是千堆雪，我是长街，怕日出一到，彼此瓦解。"

没有什么能阻挡一个人向前走的脚步。当他对你没有爱情时，不会再承担你人生的种种负担。这承诺是如此脆弱，失去了感情持续的前提，谁又是谁的什么人呢？

这样的誓言，注定会在天长日久的消磨中冷却和黯淡。

试想一下，谁的新恋人，又能受得了自己的男友还在对前任负责呢？

不是所有的人都能够经受得起自己的恋人还在关心旧情人，这种痛对于新人来说就是一种绝对的背叛。

其实，旧人的自觉，是留给彼此最后的体面。

我们既然有接受分手的勇气，就不要再勉强彼此了。不要去揣度和猜测对方是否对我们还有温情，或者是否忘不了曾经的旧情，离开了，这些就全部变成了过去。

这个世界上有很多人，就是因为被这样的暧昧纠缠，才无法迅速地脱离过去的恋人，因而阻碍了自己迈向新生的脚步。

我曾经听一个女孩子绝望地说："既然已经分手了，他为什么还要跟我玩暧昧呢？每次他的表现都让我觉得我们还有可能在一起，但是当问他时，他又说我们之间根本不可能，让我不要瞎想。我无数次下决心想忘记他，他却一再在我生活中出现，让我永远也无法走出去。"

这种痛苦就像是软刀子割肉。当初分手的打击和绝望还不够，还要透出那么一些光亮，保存那么一点点希望，然后看它再次被现实碾碎，再次从云端跌落谷底。于是，不停地燃起希望又觉得绝望的过程，把痛苦延绵得那么长，没有止境。

不要相信我们是有特殊魅力的人，这个世界上的大部分爱情就这样无疾而终了。曾经风嘶海啸，最终还要归于平静。未来的路，我们还要靠着自己走下去。

总要把我们的心清空，才能有新的人走进来。

我们可以难过，但是不要一直在其中纠缠。

残存的感情要释放，需要一个期限，需要一个延续和伸展的过程，像情感的余温和惯性。但是我们要明白，我们终究是分手了，要独自前行。哪怕彼此还有留恋，分手的时候也并没有那么坚决，但是随着我们的生命越来越独立，已经离开的旧人在我们心中的印象也会越来越模糊，直至走到陌路。

在分手之际，即使余情尚在，我们也不值得对此抱有希望。

的确，有很多人分手了还可以做朋友，但那只有在彼此心潮平息、伤痛平复的时候才可以做得心安理得，在此之前，我们自私地回避他，为自己修复伤害，找一个安静的平缓期，不要再彼此纠缠、彼此消耗，这时候的纠缠，带着痛、带着伤，很容易把大家磨得伤痕累累、面目狰狞。永远也不回头，才是对这段感情最大的珍视和对对方负责任的态度。

好聚好散是我们的期许。聪明人都明白，"分手后依然做朋友"这种承诺，我们听听就算了，千万别当真，更不可强求。这种承诺只有两个又通透又宽仁的人才能做到，而我们普通人，又有多大几率能遇到这种人呢？

我们还不如把它看成是一份缥缈的礼物、对方最后的温情，我们永远都不要去兑现它，为自己保存最后的尊严与体面。

要明确地知道，离开了共同生活的基础，我们之间必然会渐行渐远。也许我们有契机能重新认识，再次熟悉，但是，这些都是命运的恩赐，而不是我们努力就可以实现的。

所以，倒不如放他走，倒不如彼此隔离，也许某一天，我们在转角相遇时，还能想起曾经的美好。

Chapter 7

一辈子不长，
余生只和舒服的人在一起

只是用爱制作的铠甲，专门针对我们的软
助，兑现愿无岁月可回首，且从情深共白头
的守护。即使在最艰难的时刻，也相信会
有更好的一天。

只有爱才能教会爱，给予才能教会给予

如果父母不能做个好榜样，而是让孩子从小耳闻目睹父母之间的貌合神离、冷漠无情，甚至恶语相向、拳脚相加，就不要再用自己糟糕的经验，去指导下一代的人生。

　　杨阿姨和李太太在菜市场相遇，她们在同仇敌忾地砍价买了两兜菜之后，手挽手一起回小区。

　　在路上，杨阿姨抱怨道："我家姑娘明年就满二十九了，成天也不见她着急嫁人，让她去相亲，还不肯去！还说要读什么博士！你说说，她这是想当一辈子老姑娘吗？还不能说她，一说她，她就喊'你受了这一辈子的罪还不够，就那么想推我进火坑？'……愁得我哟！"

　　李太太一听这话，瞬间感觉找到了知音，也絮叨起来："可不是！我儿子也这样！眼看三十了，一点儿也不想成家！整天不是玩电脑，就是玩手机，一说让他谈恋爱结婚，他就甩脸子，还说什么：'如果让我像我爸那样窝囊一辈子，我宁可当不婚主义者！'真是气死我了！"

　　两位大妈唉声叹气，百思不得其解：婚姻中，夫妻磕磕绊绊不是正常现象吗？谁不是打打闹闹半辈子过来的？如今的年轻人怎么就这么娇气，都不想结婚了呢？

　　两位操碎了心的母亲，都没注意到这个问题：孩子恐婚，其实是因为没有在婚姻中看到幸福的可能——如果做父母的展示给自己儿女的是一地鸡毛，却又以"过日子不就是这样"为理由去催婚，一定会让年轻人更加反感，避之唯恐不及。

　　不得不说，80后、90后的父母那一辈，幸福的婚姻榜样实在太少太少！

　　那一辈人的婚姻，很多都是女方挣钱少一些或者干脆当家庭妇女，家务事上任劳任怨，但一边干一边喋喋不休、抱怨不止，男方要么一副窝囊相默默地听着，要么骂着骂着就打起来，然后女方鼻青脸肿哀哀地哭……

　　被打的女人往往很羡慕不挨打的，说，你家那个脾气真好！你的命真好！不挨打的给对方一个白眼后就开始絮叨自己如何命苦嫁了个没用的男人，而此时挨打女就露出窥私欲得到满足的得意之情……

　　家暴男们凑在一起喝酒吹牛，喜欢用妻子特别贤惠、对自己毕恭毕敬来彰显自己是男子汉，最喜欢叫嚣：在外人面前要给我面子！女方如果心情不好不买账，好么，又是一战！

闷葫芦男很少凑在一起，他们喜欢一个人喝茶看报，或者有练书法、养花之类的小爱好，但比打人那类更喜欢搞外遇，搞出事情来通常以猥琐的方式收场。

女人当然也不都是老老实实操持家务的，也有少数混迹麻将桌或舞场，搞事是必须的，并且搞起来比大多数男的更狠，怎么也得搞满两位数。

还有一些特别奇葩的就不说了——而最可怕的是，他们还都不离婚，几十年间，就让儿女们眼睁睁地看着这一幕幕荒诞剧，甚至人间惨剧……

老一辈的婚姻生活如此狰狞绝望、腐臭不堪，而他们却不以为耻，催婚时最喜欢说的就是"过日子不就是那么回事儿吗？你看我和你爸（你妈）打了一辈子，现在还不是好好地在一起"？

可是你们忘了：以前大家都吃不饱，结婚就是为了搭伙儿过日子，至于过得好不好，哪儿顾得上？

但在大家都不愁温饱的年代，自然不能再忍受那种不堪的婚姻。

有句话我认为很对：榜样比教导重要。

如果父母不能做个好榜样，如果孩子从小耳闻目睹的是父母之间的貌合神离、冷漠无情，甚至恶语相向、拳脚相加，那么父母就不要再用自己糟糕的经验，指导下一代人的人生。

无边苦海在前，80后、90后怎么甘心，又怎么敢走进婚姻？

他们恐婚，是因为你们没能给儿女做出好榜样。

选择不回应，是与杀死婚姻的凶手为伍

争吵也算是另一种形式的沟通，但会争吵是一门考验智商和情商的技术活。

结婚第一年，纸婚。

别人新婚燕尔打情骂俏，蜜里调油，而秀禾，结婚当晚就跟丈夫吵了一架。原因是丈夫嫌她睡相不好，半夜扯走了整条被子，害她第二天喷嚏不断。

第二天回门，别人都是欢欢喜喜，他俩却一路鸡飞狗跳，互相拆台，直到娘家，也没有说出个子丑寅卯。

后来，她就常对人说："万事开头难，我就是结婚没开好头，所以后来才常常三天一大吵，两天一小吵。"

结婚第三年，皮婚。

别人过了磨合期都是相亲相爱，秀禾和丈夫却常常丁零咣啷，不是牙齿磕了舌头，就是锅盖碰了铲子。只要两人在家，几乎没有不争吵的。

说起争吵，秀禾可以说上一整天，什么菜炒得太淡了，他

说又没闹盐慌；米饭做硬了，他说不用省水；甚至地上掉根头发，他拖地时，还专门捡起来放到她眼前，"看看，还没到夏天，你就开始掉毛。掉就掉吧，还满屋飞，劳驾能不能费费腰捡起来。实在不行，你梳头放个垃圾桶接着，还能够节能环保。"

更有甚者，你说就说吧，说一次也就够了，可他不，偏捡一次说一次，而且次次不带重样。每次秀禾都气得抓心挠肝："累了一周，好不容易过个周末，咋就不叫人消停？不就是拖个地吗？一个大男人，怎么那么多事，叽叽歪歪，烦个没完没了？一天到晚就盯着那点鸡毛蒜皮的事！"

他也不急不恼，还理直气壮、振振有词："鸡毛蒜皮咋了？许你掉毛，为毛不许我说毛。我要再不管，那就真成了一地鸡毛了。"

一大早就被吵醒，秀禾恨不得啖其肉，结果却被他最后念的押韵的词，一下子气笑了。你瞧！连吵架都吵得津津有味，朋友们都笑她，这绝对是活在对口相声里。

结婚七年，对别人来说是七年之痒，可对他俩来说简直就是七年之吵。

这七年里，和他们一起结婚的朋友离了好几对。问及离婚的原因，有人说三观不合，有人说互相看不顺眼，还有一对居然说连架都懒得吵，你说怎么过到头？

秀禾也觉得奇怪，像他俩整天吵吵闹闹、磕磕碰碰，居然也能过七年。而她最好的朋友和自己的丈夫相敬如宾，却因怀疑对方出轨，砍瓜切菜般地办了离婚手续。

当时，婚姻登记处工作的朋友还说，其实，来婚姻登记处离婚的夫妻，如果两人还愿意坐下来谈，或者干脆吵一架，挽回的可能性还很大，就怕那些来了一句话都不说，直接办离婚的，他们基本上都是不可能反悔的。

诚然，争吵也算是另一种形式的沟通，但会争吵是一门考验智商和情商的技术活。

如果说吵架是一幅婚姻写实图，那么会争吵就像蒙了幕篱的一阕词。寻常人看见落叶大都会说："呵，多好看的一片黄叶"；小资情调的文艺范儿们会抒发一句"一叶落而知天下秋"；而那些多愁善感的文青们则会吟上一句"碧云天，黄叶地，北雁南飞"。

我们吵架时，不是让你在吵架中决出胜负，而是学着艺术化地消融婚姻中的不睦。

怒不可遏时，尚有条回转的路；

孤苦烦闷时，喝一杯暖心的茶；

平淡无趣时，引一回开怀的笑。

世间太多的人，大都坚信自己的眼光，虔诚无比地信奉

"我的婚姻没问题，我们从来没有红过脸"。然而，最可怕的不是婚姻中两人会吵架，而是两人从来不吵架。

哪怕你坚信自己的婚姻稳如泰山，但每个看似无坚不摧的大厦，都有一个一戳即倒的软肋，也许是垂头丧气时，对方的一句扎心话；也许是本该温柔以待时，对方的冷眼相看。

婚姻不是一辈子不吵架，而是吵了一辈子还能生活在一起。两个人，一辈子，哪能不吵架？不会吵架的人，越吵越凶，甚至大打出手，将原本不稳固的情分，越吵越不稳，越争感情越寡淡；相反，会吵架的人，反而把吵架当情趣，将平淡当调味剂，为柔软的婚姻披上一层坚固的铠甲。

感情里最可怕的不是成天吵架，而是彻底的不回应，想吵都找不到吵架的人。如果有还愿意和你吵架的人，一定要好好珍惜。因为通常愿意留下来陪你吵架的人，都是真正爱你的人。因为爱得多，难免关心得多，关心得多，偏又改变不了现状，那就只好由唠叨变为争吵了。

很多看起来体面的婚姻，最常见的相处模式不是沉默，就是彻底的不回应。相对于一方的歇斯底里到彻底崩溃，另一方体面优雅的不回应，才是杀死婚姻最大的杀手。

人人都是双面人，只有在面对最亲的人时，才愿意卸掉裹在外面的铠甲，露出身上最柔软的部位。而那种通常在爱人面前也要保持得体周全的人，要么是不爱，要么就是爱得不彻底。不然，同样是柴米油盐，同样是养儿育女，不同原生家庭的两个人，怎么会没有纷争？有纷争的地方，就会有争吵。没有不争吵的夫妻，不然不是同床异梦，就是夫妻离心。

胡适的婚姻是包办婚姻。一个是享誉中外的大才子、大教授，一个是大字不识的小脚女人。在这桩外人眼里的不般配婚姻里，他们却风雨同舟地相伴一生。他们的相处之道，很主要的一点就是，凡事要敞开说，保持沟通，即使争吵，也比冷漠来得好。

当然，吵架是一门艺术。如果是耿直不知变通的人，原本只有三分气，他一出口就化作十分，将几句闲言碎语硬生生吵成一笔糊涂账。然而，婚姻原本就不是讲对错的地方。再理智的女人，碰到自己喜欢的男人都会变得无理取闹。所以，家不是用来讲理的地方，而是用情的巢穴。所有不和谐的声音，我们都可以用情去化解。

在乎你的人，遇见你火气正盛的时候，会主动低头，无厘头地逗你发笑。这当然也要看火候，倘使你满腔怒火正无处发泄，而他却嬉皮笑脸，满不在乎，这比吵架更恶劣。因为，在你眼里，他这是赤裸裸的挑衅以及不把你放在眼里，只能让你更加生气，严重的甚至会直接进入冷战，拒绝沟通。

吵架的目的在于沟通，而不是分出输赢。

聪明的人通常故意认输，学会向对方示弱。因为你赢了吵架，就输了爱情。所以，在爱情里，吵架并不是为了分输赢，而是为了消除误会，让双方的观点更一致。当然，有些原则是根本掰不过来的，所以，有时候，也不必较真。太较真了，就会显得吹毛求疵，给以后制造更多不必要的争吵。

细心的人，吵架时善于察言观色。你姿态高，他就低；你气势弱，他就气焰高。在你火冒三丈的时候，他会四两拨千斤，拿捏得当，既让你感受到认错的诚恳，又能觉得这场争吵其实很滑稽，说不得就泄了那口心头火，一笑泯恩仇了。

人们常说"打是亲，骂是爱"，"床头吵架床尾和"，"狗屁袜子没反正"，总之吵吵闹闹的婚姻反而更长久，因为爱之深，所以责之切。即使这样，也不能以爱的名义，用最利的刀、最伤人的话，毫无顾忌地去戳对方的软肋。

才子佳人式的爱情，在平凡人的眼里，仙气太多。其实，最接地气的爱情就是你凶我，吵我，骂我，而我却愿疼你，爱你，守候你，和你相亲相爱在一起。因为我知道，你的蛮横、你的刻薄，只是用爱制作的铠甲，专门针对我的软肋，兑现愿无岁月可回首，且以情深共白头的守护。

那些死缠烂打的人，未必真的懂得爱

一个人，只有拥有更大的世界和更广阔的格局，才不会囿于一段感情，反复纠缠一个不爱你的人。

随着一声"defeated"，苏晓晴狠狠地把手机甩到了床上，过了几秒钟，又捡起来，对着话筒大喊"滚！滚！滚！"然后一通操作，把小高的微信拉黑了。

这不是小高第一次把苏晓晴气成这样，实际上，他也不是第一次被拉黑。

表面看起来，苏晓晴是因为打《王者荣耀》的时候，频频被小高发来的视频请求打断，导致排位赛输掉而生气，但实际上，根本不是输了一场游戏的问题。

苏晓晴是个并不红的网文作者，虽然不红，也有几万读者。为了方便和读者交流、拉月票，她开了个读者群，也允许大家加她的微信。

这个小高，就是其中一个读者。

和一般读者不同的是，小高在加了苏晓晴的微信，浏览了她的朋友圈之后，对她产生了"爱慕"之情。

于是，小高开始在微信上对苏晓晴诉"衷肠"，大表决心，甚至说出"一辈子爱你""非你不娶"这样的话。

苏晓晴在婉拒对方后，不禁觉得好笑：这个小高，写的情书错字连篇，还强行视频，展示了只能用"丑"来形容的长相；并且，他还在家待业，以啃老为生……

这样的男生，在苏晓晴的眼里，简直毫无可取之处。她也对小高明确表示了：我们不合适，请你去追求别的姑娘吧。

然而，小高却觉得，只要有"真心"，就一定能感动对方。

那么，他表达真心的方式是什么呢？就是每天早晨、中午、晚上，都要问一遍安；

不管苏晓晴是否回复，只要他想，就流水账一般，讲述自己的生活，甚至几十张照片连着发过去；

以爱得太深为理由，天天酗酒，一喝醉就试图连视频，被挂掉就一直连……

苏晓晴不堪其扰，只好拉黑了他。

小高哪会轻易放弃？他申请了好几个微信小号，以新读者的名义加上，东拉西扯几天以后就自曝身份，继续"求爱"，被拉黑就换一个……

这次的小号，小高隐藏了差不多有一个星期，比之前"隐忍"了很多。终于在今天，小高又喝醉了，于是，又自曝了身份，并在苏晓晴打排位赛的时候，不断连视频，直到害她输掉游戏。

在苏晓晴的三声"滚"和再次被拉黑之后，小高愤怒了。

他跑到苏晓晴的文章下面，大骂苏晓晴是个"骗子"，欺骗了他的感情，践踏了他的真心，并诅咒道："你不就是嫌我穷才不愿意跟我吗？"原来，他所谓的"真心"竟是如此龌龊。

而用这种龌龊的"真心"去祸害女孩子的，远不止小高一个。

尤其是很多姑娘性子软，不会像苏晓晴这样强硬，在婉拒几次之后，泼向她们的，更是一盆盆污水：

"不愿意和我结婚还吊着我！""不就是想养备胎吗？""真心有什么用？还不如花钱嫖！""我们单纯的男孩子就是被渣女耍了以后，才变成渣男的！"……

且不论这种"不和我在一起就要骂死你"究竟算不算真心，退一万步来说，你们确实有"真心"，但这所谓的真心，究竟带给了你们想追求的姑娘什么呢？

除了莫名其妙的打扰，什么都没有。

无用的真心，最是害人。

尤其是明明无用，还自以为深情。

那些因爱生恨的人，要反思自己，与其总是抱怨自己遇不到一个对自己好的人，不如先把自己经营好，把自己经营成一个值得爱的人。

不要轻易去相信别人所谓的真心，真心往往润物细无声，不易被人察觉，而挂在嘴上的真心，往往带着满足自己欲望的目的。

我记得有一个女孩曾说，前男友在她提出分手后，数次跟踪她、纠缠她，让她不胜其烦。

只要逮到机会，就向她"倾诉衷肠"，令人无比困扰。

其实，真心只能感动那些能感动的人。一厢情愿的纠缠，只会令人烦恼。

"拿得起，放得下"，把感情经历当做生活的一部分，而不是八卦或博取关注的资本，这才是真正的人格健全的人对待感情的方式。

一个人，只有拥有更大的世界和更广阔的格局，才不会囿于一段感情，反复纠缠一个不爱你的人。

那些能好聚好散的人，把感情视作补给而不是救命稻草和人生唯一。

　　只有自身强大，才能在感情世界里同样保持安定平衡。

　　这样不显山不露水的、生活化的感情，才是真正成熟的人

对待爱的方式。

所有的求，其实都是强求

实力悬殊的爱情，根本就是童话故事而已，哪有那么多"相似的灵魂"？

娜娜来找我的时候，一双美目哭得像桃子一样，整个脸也都浮肿着。仅仅几天不见，她仿佛老了十岁。

"怎么办？这一次，他是真的不要我了……呜呜呜……我跟了他两年多……他就这么，不要我了……"

我暗暗叹了一口气：这一天果然来了。

娜娜所说的"他"我并没有见过，我对这位神秘男士的了解，全都来自娜娜的描述。

两年多之前，娜娜发了一条朋友圈，高级餐厅九连拍，外加一句话："终于等到你，还好没放弃！"

我当时就估计，这小妮子八成遇到她的"真命天子"了。

果然，过了没几天，她就满面春风地跑来找我，说："我有件天大的喜事儿要和你说，你猜是什么？"

我说："遇见真爱了吧？"

娜娜连忙拼命点头："对啊对啊！我幸福得简直要晕过去了！"

然后，娜娜就眉飞色舞地开始讲述自己是如何在豆瓣上认识了这位和她有着"相似灵魂"的男子——S君。

娜娜说，他们一开始只是在网上聊天，分享和交换对几部电影、几本书的评价，每聊一次，就觉得更投机几分……

终于，在知道君未娶、卿未嫁之后，他们开始了一段美好的网恋。

如今不是十年前了，大家也都是工作了很多年的白领，网恋两个月，又是同城，自然就要商量见个面。

在见面之前，娜娜对这段感情很有信心：自己姣好的面容、玲珑的身材，对方潇洒的气度、幽默的言谈；再加上相通的心意、相似的灵魂……这简直就是天作之合。只要S君网聊时说的话不是太假，她已经做好了奋不顾身把爱情的巨轮开往婚姻彼岸的准备！

然而见面没多久，娜娜就颤抖了——对方的条件不是可以接受，而是好炸了！

赴约的时候，S君开着自己的座驾——一辆三百多万的豪车，并且，非常绅士地下车，打开车门，让娜娜坐在副驾，并递上一杯热咖啡："天有点儿凉，如果不想喝，拿着焐手也好。"

　　而娜娜的九连拍，就是在随后的约会中拍摄的。

　　每次约会，S君都主动接送，每餐必是人均消费五百以上的饭店。几次之后，在豪华晚餐结束时，他们就顺理成章地开启了豪华酒店之行……

　　"所以，这位完美的S君，和你谈婚论嫁了么？"在听了大半年他们有多么和谐、幸福之后，我问娜娜。

　　"当然了！"娜娜一脸得意，"我和他第一次去过酒店之后，他就带我去商场买了一堆衣服、化妆品，还有一只手镯……"

　　"我知道，你早就说过了，但买东西和求婚是两个概念吧？"我打断她。

　　"你听我说完嘛，"娜娜噘嘴，然后压低声音说，"其实啊，他当天就说了要娶我，还给我看了他父母家人的照片，讲了自己的职业规划，说希望以后生一个女儿……但我当时虽然高兴，也不敢全信他的话，毕竟他条件那么好，万一我说了他打算娶我，过几天又分手了，不是打脸吗？所以我就想，等感情再稳定点儿，再'昭告天下'！"

　　我一听，娜娜这真是被大馅饼砸中了啊！于是连忙说："对了，我还没见过这位S君长啥样呢，照片快给我看看！"

　　娜娜愣了一下，说："哎呀！他给我看的是他手机上的照片，我和他从来没有拍过照啊……"

大家注意啊，这时候，娜娜和他已经交往半年了，居然连一张照片都没有！难道不奇怪？

我迅速提高了警惕，叮嘱娜娜："这有点儿怪……下次见面，你要求他跟你合影，看他怎么说。"

娜娜咬了咬嘴唇，然后点点头。

但她合影的要求没有被满足，因为S君说自己不上相，还说等到拍婚纱照的时候，要以最帅的面貌站在娜娜身边，这样才配得上娜娜的美貌。

这甜死人的假话，也就娜娜愿意相信。

于是，他们继续愉快地交往，娜娜也继续做着春秋大梦。

又过了两个月，娜娜就没那么开心了，她开始时不时发一个"我们会在一起的，对吗？"的动态，然后又迅速删掉，大秀高级约会场所的频率也明显变低了。

S君对娜娜越来越敷衍、冷淡，娜娜的情绪也越来越低落。

娜娜不敢闹，甚至不敢像一般女孩子那样撒娇让对方多陪陪自己，而是装作无比懂事、无比乖巧，只敢在亲热的时候小声问一句："你爱我吗？"

却再也没有得到肯定的回答。

他们就这么不明不白地来往了一年多，直到娜娜在圣诞节提出了一个小小的请求："能不能再说一次爱我，作为圣诞礼物？"

对方没有回复。

偷偷哭了几天之后，娜娜终于决定"硬气"一回，她打电话过去，说："你如果不说爱我，我就和你分手。"

对方直接挂了电话，半晌，微信上发来一句："抱歉，我对你不是认真的。你要这么闹，那就算了吧。"

娜娜直接崩溃了。

所谓的灵魂相通，一开始的甜言蜜语、礼物攻势，换来三个月的欣喜若狂，随后就是娜娜一年多的小心翼翼，以及S君这一句"不是认真的"……讽刺吗？寒心吗？

可是，又有什么办法呢？娜娜此时已经爱到了骨髓里，谁的劝都不听，一意孤行要用自己的"真情"感动S君。

"他只是最近工作忙，也怪我不该逼他……我们心意相通，我们有相似的灵魂，他不会再找到比我更合适的姑娘……他说过的，只要我乖一点儿，耐心一点儿，他还会继续爱我……"

这次"争吵"，以娜娜赔尽小心的道歉收尾。然后，娜娜又获得了S君召之即来，挥之即去的"侍寝"权。

我和几位知情的朋友，早就对这种情况出离愤怒，甚至不惜摇着娜娜的肩膀，求她恢复理智，恢复成那个自尊自爱的娜娜。

可是毫无效果。

直到S君终于彻底玩腻了，哪怕娜娜再卑躬屈膝地等待"翻牌子"，他也不再联系她了。

几天前，娜娜再次发出那句"好想你啊……吻你"的消息时，赫然跳出了"对方还不是你的好友……"的提示消息。

娜娜终于被彻底抛弃了。

看着她肿得桃子一般的眼睛，我虽然心疼，但也庆幸：还好，两年而已，没有被拖更长时间。

我知道，无论娜娜现在多伤心，一旦不再联系，时间终究会抚平一切。

而被这些S君们吊在那里三年五载，甚至十年八年的，也大有人在。

他们的套路其实很简单：用无比精彩的开头，让这些姑娘晕头转向，以为自己遇到了真爱，而且即将实现"阶级跨越"……随后就冷暴力，能乖乖忍着不添麻烦的，就继续时不时叫出来玩玩；不听话或者玩腻了的，就迅速甩掉。

其实手段很简单，要识破也不难，他们之所以屡试不爽，是因为总有傻姑娘以为自己就是那幸运的中奖者。

秋风乍起，送走娜娜之后，我来到街边的咖啡厅，碰巧看到一辆豪车缓缓停下，一个清秀的小姑娘，一脸幸福，飞也似的扑了出去，上了车。

我仿佛看到：这些前赴后继的姑娘们，拿着各式各样的竹篮，在一片片冰冷的湖水中，企图捞起那轮月亮。

实力悬殊的爱情，根本就是童话故事而已，哪有那么多"相似的灵魂"？不过是人家准备好的套，等着你来钻。

管理不了自己情绪的人，没有未来可期

一个体贴、细致的男人，是家庭幸福的前提。

新闻中播放的某个姑娘被家暴的消息，引起了很多人的愤怒。

看着那个娇小的姑娘身上惨不忍睹的伤痕，再看看她男朋友看似诚恳，实则不痛不痒的"道歉"，人们忍不住又是一阵愤怒。

而我的这种愤怒，在朋友佳佳跑来向我哭诉的时候，达到了顶点。

佳佳是我初中同学，当时我们关系非常好，每天放学都一起走，作业也是你抄抄我的，我抄抄你的……比亲姐妹还亲。

后来我上了高中，她去了卫校，联系就渐渐少了。

从卫校毕业没几年，佳佳就结了婚，我记得，她那时候刚刚21岁。

新郎是一个外表很憨厚的小伙子，据说他家里刚拆迁不久，有点儿钱，就催着佳佳嫁了。

结婚一年以后，佳佳就生了一个可爱的女儿。而我那时还在读研，和佳佳的共同话题越来越少，但我一直觉得，从小就有的那份情谊，始终都在。

几年前，佳佳的朋友圈里偶尔就会出现一些类似"我为你生儿育女，你怎么舍得铁拳相向"这样标题的文章。我心中虽然疑惑，但由于佳佳从不主动提起，也就不方便直接问，以免显得太突兀——多年的校园生活，使我保持不随便打听别人私事的礼貌。

直到这次回老家，佳佳来找我，我看到她手臂上的大片淤青，追问究竟是怎么回事时，她的眼泪才大颗大颗地落了下来。

是家庭暴力。

我的猜测和担忧没错，佳佳已经遭受了好几年的家庭暴力。

最初的一次是她老公嫌她哄孩子哄得太慢，她回了一句："我一个人累死累活，还要听你抱怨？有本事你来哄！"

话音刚落地，她就被一个耳光打得两眼发黑，鼻血也冒了出来，滴在女儿的襁褓上。

"我不是没想过离婚，"佳佳用手背擦了擦眼泪，像是怕我责怪她似的，立刻为自己辩护起来，"我当时也说了要离婚，可是我爸爸妈妈都劝我，我们在老家的房子才起了一半儿，后面的钱还指望这个女婿出呢！再说孩子都有了，当女人的哪能这么娇气，一点儿委屈都不能受？"

在父母的劝阻下，以及老公看似痛心疾首的道歉之后，佳佳为了孩子，选择原谅他一次。

后面的剧情，想必我不说，大家也很熟悉了：家暴这种事，就像出轨一样，只有零次和无数次的区别。

她第二次挨打，发生在女儿周岁生日的时候，而理由，居然是可笑的"没招呼好亲戚"。

当宾客散去，借着酒劲，佳佳的老公先是掀了饭桌，然后就对佳佳一阵劈头盖脸的毒打……

那一次，佳佳在床上躺了两天才勉强可以起身。

就在这样的情况下，她的亲生父母，依然不许佳佳离婚，并且威胁她：如果你离婚，丢我们的老脸，我们也不要你这个女儿了！

此时的佳佳，宛如一座孤岛，茫然四顾，找不到一叶扁舟，一只援手……

而老公呢，酒醒之后，又是下跪，又是自己打脸，又是拉着女儿来劝："妈妈，你别走，别不要我，别不要爸爸……"

佳佳咬了几次牙，终于还是决定忍辱负重，把这日子过下去。

有了再一再二，第三次简直轻车熟路：找碴儿，开打，下跪……一气呵成。天下的家暴男，一个个都跟受过培训似的，流程无比规范。

"所以，你就这么被打了好几年？"我气得发抖，"这种畜生，还跟他过什么？这种看着女儿在火坑里挣扎的父母，拿了女婿的好处就当帮凶，断绝关系又有什么可惜？"

"可是……女儿呢……我女儿才六岁……"佳佳吸着鼻子，委屈地说。

"女儿你可以带走啊！"我恨铁不成钢，"如今这年代，只要你勤奋点儿，还养不活自己和一个孩子吗？大不了，我给你一笔钱！够你们娘儿俩过一年的，行不行？上小学的孩子也过了最难带的时期了，如果你总让她看着爸爸毒打妈妈，会对她的心理造成多大的伤害，你想没想过啊？"

佳佳低着头，一言不发，只是哭。

过了很久，她才挤出一句："我又有了。"

晴天霹雳！

原来，自从放开了二胎政策，佳佳的公婆、老公、父母，还有各种看出殡不怕棺材大的三姑六婆，车轮战一般，劝她生二胎。

佳佳终于没有顶住压力，怀上了。

也就是说，佳佳在身怀六甲的时候，依然被家暴！

而她老公，只是把拳打脚踢，换成了拧她的胳膊、大腿……这也就是我在她胳膊上看到大片淤青的原因。

劝佳佳放弃孩子，与过去决裂吗？这建议太血腥，我犹豫了。

除了和她抱头痛哭，那一刻的我，什么都做不了。

小雨迷蒙，佳佳拒绝了我的留宿，回到了那地狱一般的家中。

而我，看着网上最新冒出来的"请大家来讨论：家暴可以被原谅吗？"的热门话题，只想用键盘砸死设置这个话题的编辑。

既然打人犯法，为什么打家人是否可以被原谅这一话题还需要被讨论？

由此看来，男人才是决定婚姻幸福与否的关键。

一个体贴、细致的男人是家庭幸福的前提。

婚姻幸福不幸福，男人说了算。

但说到底，也并不需要男人在婚姻中当牛做马，只要他们放弃一点男权社会的自大，脾气好一点，对家庭关心一点，对妻子体贴一点，好多婚姻问题都会消散。

为什么好女人那么多，那么辛苦，那么努力，她们却总是无法单方面维持幸福的脚步？因为她们身边那个重要的人，没有给予她们该有的力量。

世界越荒凉，我们越要积极

只要保持希望，保持积极的人生态度，一定能守得云开见月明。

最近有几个朋友留言问我：你写的文章也太颓废了吧？就没看你写过一个开心的故事。怎么你身边的朋友都那么倒霉？就没一个幸运的？就算不飞黄腾达，哪怕岁月静好也行啊！

看到这些留言，我忍不住笑了：是啊……回头看看我最近写的，还真是"满纸愤恨言，一把辛酸泪；读者伤脑筋，作者太颓废"！

生活幸福美满的朋友当然有，而且实话实说，数量在一半以上。不过，那句话怎么说来着："幸福的家庭都是相似的，不幸的家庭却各不相同……"

我要是写这些幸福之家，只怕总共也只能凑出一篇来，其他的，除了主人公的名字，还真没什么需要大改的地方。

所以，很抱歉，今天的故事，依然有一个不幸的开头，好在，终于算是有了圆满的结局。

　　这位"阳光美少女"是我第一份工作中认识的同事，她和我同时入职，名叫文娟，有着奶白奶白的皮肤、猫咪一般的眼睛。她来到办公室的第一天，就收到两个男同事抛来的爱情的橄榄枝。

　　不过文娟当时已经有男朋友了，两人是大学同学，已经好了一年多，哪怕毕业了也没分手，一定要修成正果。

　　文娟工作很认真，每次发了工资，都把大部分存起来，她说："猪猪（她一直爱称男朋友为猪猪）家里没什么钱，但如果要结婚，我家肯定会要彩礼，我现在帮猪猪多存一点儿，他就可以早一天娶我啦！"

　　是不是甜到心里去？比前段时间流行的什么只要有饭吃就行的成都小甜甜还要甜100倍有没有？

　　其实，这种小甜甜从来也不缺，可是，那些坐拥她们的男生，又是怎么对待她们的呢？

　　每天的视频，渐渐变成了隔天，隔天又变成了一周，一周又变成了"别烦！我这一局刚开"。

　　文娟闹也闹了，哭也哭了，求也求了，甚至，我都不止一次听到她撕心裂肺地问："你到底还想不想娶我了啊？游戏重要还是我重要啊？"

　　有过沉迷游戏的男朋友的姑娘都知道，这句话问出口，基本离凉凉也不远了。他是有多恐慌，才会失去理智，拿自己去和一个游戏比？

文娟和男朋友分手那天，北京下着小雨，雾霾和阴云压得这座城市难以呼吸……

第二天，我惊恐地发现文娟的手腕上缠着一道道纱布。

看着我欲言又止的表情，文娟苦笑，"是的，你没猜错，我昨天试图自杀来着。不过，我的手一直抖，一直抖，根本下不了狠心，所以，只是划了几道不深的伤口。医生说，不必缝针，包扎起来，一个星期就好得差不多了……"

我无语，只能轻轻抚摸着她瘦弱的肩膀。

"医生说，建议我去看看精神科……呵呵呵……精神科？我像是精神病吗？"文娟垂下猫咪一样的眼睛，像是在问我，又像是在问自己，"我是精神病吗？因为精神病，所以才不配被爱，是吗？"

我连忙摇摇头，说："医生只是觉得你精神状态不好，毕竟你这伤……精神科……如果你不想去，我陪你去找心理咨询师，好不好？"

文娟轻轻"嗯"了一声，趴在我肩膀上哭了起来。

三个月之后，文娟和我一起逛街，她试穿了一条橙色花的裙子，一边旋转，一边说："你看看我现在的样子！就在两个月前，我还每天都问一百遍：我还能开心起来吗？我还能好起来吗？生活还有希望吗？"

我看着她健康的笑容，看着这个外表柔弱，实际却非常坚韧和聪慧的姑娘，回答她："如果你不能开心起来、好起来，天理也不容啊！"

文娟是个一点就透的姑娘，她在低谷的时刻，没有放任自己持续消沉下去，而是在惊觉自己来到悬崖边的那一刻，及时停住了自己的脚步。

过去的几个月，她认真吃饭，按时睡觉，定期找心理咨询师……虽然时不时还会哭泣和崩溃，但她一天也没有放弃要"好起来"的决心。

而她的努力，也终于得到回报：现在，她心里的阴霾几乎已经一扫而空，在那个糟糕的前男友来求复合的时候，她温柔而又坚定地说："再见。"

虽然追求者众多，文娟也没贸然开始一段新恋情，她说："我不是害怕，但我要按照自己的步伐前进，在彻底理清思路，变得更成熟之前，我不想谈恋爱。"

那一刻，她那小猫一般的眼睛里，闪着特别迷人的光彩，而这种光彩，我相信，将伴随她一生，并且越来越美丽，哪怕她的脸上布满皱纹。

岁月从不苛待美人。

只要保持希望，保持积极的人生态度，一定能守得云开见月明。

你们知道的，我最不喜欢端一盆鸡汤上来，还不给勺子，所以，在这里，我不但要提供勺子，还附赠一支吸管：

保持积极不是说你要一直快乐，而是说，即使在最艰难的时刻，也相信会有变好的一天。

姑娘们，世界荒凉，但你们要积极面对。我们改变不了世界，但是我们可以改变自己。

让每次分歧都成为一个接近彼此的机会

不要让一望无边的海岸就剩你一个灯塔，

那就再也没有其他的灯塔来帮你照亮你的不足。

我和朋友一起去度假，路上车坏了，朋友觉得很烦，因为这次她是带着父母一起出来的，车子坏了，她带父母出来的好心情要毁掉一半。

朋友气得跳脚，但是父母并没有责备她，反而一直在安抚她。我们几个等到中午也没有见到过路车。天气很热，朋友的老公却没有一点不耐烦的感觉，一直安抚她，打电话叫拖车，又积极联系朋友来接他们。

晚上吃饭的时候，朋友自己也觉得很不好意思，向老公道歉，她老公笑了笑，没有把这件事放在心上。

其实，一路走来，朋友已经变了许多。

她愿意成长，她老公也愿意给她改过自新的机会。

他们让我知道，一个愿意包容，一个愿意成长，才有了磨合的可能性。

反观很多人，他们并非没有想要改变、想要过得更好的意愿，但是有改变的意愿，不表示有改变的实质，她需要遇到一个能包容她、能引导她，更愿意自省的伴侣才行。

只有一个人努力的婚姻，并不是好婚姻。

以前朋友聚会，大家都在一起抱怨自己的近况，讲述着自己不顺利的事，抱怨工作、同事，甚至是家庭。

确实，抱怨别人是轻松的，与轻松相对的是沉重，接受别人对自己的抱怨就是沉重的。和轻松比起来，每个人都不愿意去承担沉重的东西。人们显然会去追求那些轻松的事物，也就是说人们热衷于去埋怨别人。可是没有那些沉重的东西在我们肩上，我们双脚离地，离开了真实的生活，就像天上那不谙世事的云，那么所有的事都将毫无意义。

所以，到底你是选择轻松还是沉重？

大多数的人更愿意抱怨别人，而并非接受别人的抱怨。

这和人的特性是相同的，人们总是能够轻易地发现别人的问题，却始终对自己的问题视而不见。

我们每个人都像一座灯塔，可以很容易照亮旁边灯塔的盲区，却始终无法点亮自己的死角。

每个人可能都清楚自己的缺点，但是不愿去承认。他们抱怨别人，选择轻松，不愿意沾染世间卑微的尘土，或许他们愿意飘在天上，看似高高在上，实则虚无缥缈。

这是为什么呢？

人们为什么更多的是相互抱怨，而不是重整旗鼓，共同成长呢？

因为他们软弱，软弱到不愿意去接受人家对自己的抱怨，不愿意去接受那些缺点。

因为他们的认知存在误区，始终认为别人对自己的抱怨是贬义的，是不怀好意的。

相互埋怨，相互成长，明显是两个人的事，如果仅仅是单方面接受抱怨，而不去改变、成长，那么抱怨又有什么意义呢？

而且单方面地去接受，单方面地改变也是不行的，最后还是会导致两个人分道扬镳。

可能会有人问：如果两个人相互埋怨，却都不愿意去改变，而且两个人都不在乎这些，这样是不是就可以不用相互成长？

想象一下，你这一生都将与同一个人待在一起，你们以这样互相抱怨的姿态生活下去，是不是对自己的伤害？

重复的生活并不轻松。

所以，你还害怕埋怨吗？

每个人确实都非完人，人们口中所说的十全十美不过是美好的祝愿。沉积下来，背上重负，去拥抱埋怨，去理解别人对你的抱怨。

因为正是有了那些言论，你才会登上人生巅峰。

客观地去理解别人对自己的抱怨，把它视作批评，或者期待。不要让一望无边的海岸就剩你一个灯塔，再也没有其他的灯塔来帮你照亮你的不足。

也就是说，人们不会再抱怨你了，没人会对你有任何期待了，这不是最扎心的吗？

感谢那些抱怨过你的人，不管这些抱怨是善意的提醒，还是说坏话。就好比电影《超脱》里面，主人公对一个还不成熟的坏孩子讲的话一样："你没必要生我的气，我是这里少数几个愿意给你机会的人之一。"孩子都懂的道理，为什么我们却不明白呢？别人对我们的抱怨难道不是别人给我们的机会吗？赶紧将那些抱怨抽丝剥茧，从抱怨中寻找有价值的东西吧。

真正强大的人，是那些愿意成长的人。

只有这样的伴侣，才如同海一样博大，能够消化和包容来自世界的伤害，愿意给伴侣成长的机会。

后记

别让相爱败给相处

张爱玲在《红玫瑰与白玫瑰》中写过人性的复杂和无奈。

然后，这个关于红玫瑰与白玫瑰的经典隐喻，就一直被用来形容人们在情感之中的不如意及感情里得陇望蜀的姿态。

娶了白玫瑰就会想念红玫瑰，娶了红玫瑰就会想念白玫瑰。

后来，我看到了对这篇小说的另一种解读，作者说，其实，这个故事的深层含义是人在亲密关系里的状态。当我们拥有一个人的时候，我们常常渴望远离他，而我们没有这个人的时候，我们又渴望能与另一个人拥抱取暖。

其实，相爱有多少美好和甜蜜，相处就有多少烦恼和忧愁。

这个世界上，没有人能只享受甜蜜而不去承担现实责任，没有人能保证自己永远幸福。

所以，学会如何和别人相处，可能会是我们一生之中时时要面对的课题。

有太多人，相爱时总觉得自己会化茧成蝶，但落到相处之中，却都变成了蛇虫鼠蚁，十分难看。

我写这本书的初衷，就是希望用通俗的故事，告诉每一个在和别人相处之中有困惑的人，应该如何守住自己的初心，应该如何在保存自己本真和心意的同时，靠自我提升去获得自己想要的。

我曾听很多人说，在理解与另一半如何相处这件事上，女人应该强大。诚然，女人应该提升自己的实力，但情感本就是双方的磨合，在处理这些事情的时候，也不应该一味说服自己要去强大，把任何事情都扛在自己肩膀上，而是要给对方足够的互动和参与的机会，给别人成长和改错的机会，把我们双方真正变成一个共同体。

当越来越多的书告诉我们这个世界上的丛林法则和现实主义，甚至我们自己在与这个世界的交互之中受伤，也不停地在抱怨他人的自私、冷酷、绝情，高喊着我们再也不相信人生时，别忘了你的灵魂深处曾经可能还住过一个对未来充满着美好幻想和期待的少女。

或者到最后我们才能明白，世上没有永恒的爱情，只有还没来得及变心的爱人。

人在情感世界里的旅程，从来不是越挫越勇。人到中年，我们越来越没有勇气再说出那句"我爱你"。年龄越大，在感情的世界里，我们越会觉得输不起。

所以，我们不愿意再改变，不愿意再迁就，甚至不愿意再相信这个世界上仍然有美好的东西存在。

而正如童话故事里所写的一样，我们若想得到金苹果，可能就要经历巫婆的诅咒。正如我们要收获人生中的美好，就必须要靠自己蹚过种种不堪、焦虑、无奈，然后才能找到那种踏实感。

不忘初心，方得始终，当我们做到的时候，它就并非一句口号，而是心灵上的满足和精神上的自我嘉奖。

其实，一个人选择什么样的人生，和他自己的领悟有关。我们需要走很久才能明白，只有爱才能给予爱，只有温暖才能给予温暖。

我们也要经历很多，才能学会抵御痛苦和放弃虚无，打理好藤蔓缠绕的人生，在尘埃里开出花朵。

真正好的相处，前提是淬炼自己，让自己重新成为一个圆满的圆，再去遇见另一个人，才有一棵树与另一棵树的久别重逢。

　　放弃无望的期待，懂得遗憾和千疮百孔可能才是人生的真谛，懂得世间最美的情感都带着一点不完美的遗憾，我们才算理解了世界的本相。

　　当我们真正学会了接受琐碎、平淡和不完美，才能免除惊惧、捆绑和焦虑。

　　当我们经历过繁华，跨过了无知的骄傲，才能站在生命的高地，安然地俯视和接纳最真实的自己。

　　到那时，我们才真正有向内寻找，并找到真正安放自己位置的可能性。

　　不必惧怕未来路上会经历的风雨，你会发现，当我们真正找到自己的方向，我们的心灵就有了永恒的栖息地。

　　我希望拿到这本书的人，在以后的人生征途之中，都能和身边的人共同成长，彼此成就。

2018 年 12 月 1 日